本书由华侨大学高层次人才科研启动费项目"非〔控股大股东〕与公司投融资决策"（22SKBS020）；华侨大学2023年度哲学社会科学青年教师学术成长工程项目"外部大股东退出威胁对企业短贷长投的影响研究"（23SKGC-QG07）资助出版。

非控股大股东
对公司投融资决策的影响研究

▶ 廖 佳 / 著

吉林大学出版社

·长春·

图书在版编目（CIP）数据

非控股大股东对公司投融资决策的影响研究 / 廖佳著 . -- 长春：吉林大学出版社，2023.11
ISBN 978-7-5768-2871-9

Ⅰ.①非… Ⅱ.①廖… Ⅲ.①股东—影响—公司—投资决策—研究—中国②股东—影响—公司—融资决策—研究—中国 Ⅳ.①F279.246

中国国家版本馆 CIP 数据核字（2023）第 256125 号

书　　名：非控股大股东对公司投融资决策的影响研究
　　　　　FEIKONGGU DAGUDONG DUI GONGSI TOU-RONGZI JUECE DE YINGXIANG YANJIU

作　　者：廖　佳 著
策划编辑：李伟华
责任编辑：冀　洋
责任校对：单海霞
装帧设计：中北传媒
出版发行：吉林大学出版社
社　　址：长春市人民大街 4059 号
邮政编码：130021
发行电话：0431-89580036/58
网　　址：http://www.jlup.com.cn
电子邮箱：jldxcbs@sina.com
印　　刷：三河市龙大印装有限公司
开　　本：710mm×1000mm　　1/16
印　　张：14.25
字　　数：170 千字
版　　次：2024 年 7 月　第 1 版
印　　次：2024 年 7 月　第 1 次
书　　号：ISBN 978-7-5768-2871-9
定　　价：86.00 元

版权所有　翻印必究

前　言

　　投融资决策是公司战略发展和财务管理中至关重要的决策事项，其质量高低不仅直接关乎公司未来发展的潜力和长期价值创造，亦是宏观经济体系运行质量和效益的基础。然而现实情况是，我国上市公司普遍存在投资效率低下、融资效率不高、投融资期限错配等问题。随着我国股权分置改革的顺利完成与限售非流通股的大规模解禁以及混合所有制改革的深入推进，非控股大股东成了我国上市公司中一种非常特殊、常见而又重要的存在，其能通过"监督（用手投票）→退出威胁（用嘴威胁）→退出（用脚投票）"这一链条发挥治理作用。现阶段我国资本市场中小股东利益保护机制严重缺乏，鼓励非控股大股东代表其他中小股东发声、积极参与公司治理的声音与日俱增，非控股大股东能否有效发挥治理效应，切实保护中小股东利益，是当前备受关注且迫切需要解答的重要问题。

　　在此背景下，本书旨在从非控股大股东这一重要的治理机制入手，探讨公司投融资决策的优化路径。具体而言，选取2004—2019年我国A股上市公司为研究对象，以是否存在非控股大股东、非控股大股东的数量以及非控股大股东持股比例之和这三个指标来刻画非控股大股东特征，从公司投资支出－投资机会敏感性、资本结构动态调整速度以及投融资期限错配这三个角度不同但逻辑一致的视角就非控股大股东是否影响公司投融资决策以及如何影响展开细致深入的研究。

首先，本书考察了非控股大股东对公司投资决策的影响，实证结果发现：非控股大股东显著提升了公司投资支出－投资机会敏感性；如果控股股东进行股权质押，那么非控股大股东对公司投资支出－投资机会敏感性的正向影响会很显著；经济政策不确定性越高，非控股大股东对公司投资支出－投资机会敏感性的正向影响越显著；非控股大股东对公司投资决策的积极影响最终能够提升公司的增长/清算期权价值；相比国有大股东与其他大股东，外资大股东对公司投资支出－投资机会敏感性的正向影响更强。

其次，本书考察了非控股大股东对公司资本结构决策的影响，实证结果发现：非控股大股东显著加快了公司资本结构动态调整速度；非控股大股东对公司资本结构动态调整速度的治理效应呈现出非对称性，表现为相比资本结构向下偏离后向上调整的速度，非控股大股东更显著加快了资本结构向上偏离后向下调整的速度；国有企业身份显著削弱了非控股大股东对公司资本结构动态调整速度的治理作用；非控股大股东对公司资本结构动态调整速度的影响主要是通过加速降低短期实际资本结构向上偏离目标水平的程度而实现的。

最后，本书考察了非控股大股东对公司投融资期限错配的影响，实证结果发现：非控股大股东显著抑制了公司投融资期限错配；资产可抵押性显著削弱了非控股大股东对投融资期限错配的治理作用；股票流动性显著增强了非控股大股东对投融资期限错配的治理作用。

以上研究结果表明，非控股大股东对公司投融资决策产生了重要的积极影响，有助于提高公司投资支出－投资机会敏感性、加快资本结构动态调整速度，降低投融资期限错配程度。本书研究从投融资决策的视角为非控股大股东在上市公司中发挥的治理作用提供了证据支持，同时也为提高公司投融资决策质量提供了可行性依据，对我国上市公司构建合理的股权结构、优化公司治理体系以及监管机构进一步完善非控股大股东参与公司治理的路径对促进资本市场的健康稳定发展具有非常重要的现实价值和启示意义。

目 录

第1章 绪 论 ··· **001**

    1.1 研究背景与意义 ·· 001

    1.2 概念界定与说明 ·· 009

    1.3 研究思路与方法 ·· 014

    1.4 研究内容与框架 ·· 018

    1.5 本书的创新之处 ·· 024

第2章 文献综述 ··· **027**

    2.1 非控股大股东参与公司治理方式相关研究 ········· 027

    2.2 非控股大股东对上市公司的影响研究 ················· 033

    2.3 大股东治理对公司投融资决策的影响研究 ········· 041

    2.4 文献述评 ·· 045

第3章 非控股大股东对公司投融资决策影响的理论分析 ········ **048**

    3.1 非控股大股东对公司投资决策影响的理论分析 ············ 048

    3.2 非控股大股东对公司资本结构决策影响的理论分析 ········ 058

    3.3 非控股大股东对公司投融资期限错配影响的理论分析 ······ 068

第 4 章 非控股大股东对公司投资决策影响的实证分析 078
- 4.1 样本选择与数据来源 078
- 4.2 计量模型与变量定义 079
- 4.3 实证结果分析 081
- 4.4 稳健性检验 093
- 4.5 进一步研究 108
- 4.6 本章小结 114

第 5 章 非控股大股东对公司资本结构决策影响的实证分析 116
- 5.1 样本选择与数据来源 116
- 5.2 计量模型与变量定义 117
- 5.3 实证结果分析 120
- 5.4 稳健性检验 131
- 5.5 进一步研究 137
- 5.6 本章小结 143

第 6 章 非控股大股东对公司投融资期限错配影响的实证分析 145
- 6.1 样本选择与数据来源 145
- 6.2 计量模型与变量定义 146
- 6.3 实证结果分析 148
- 6.4 稳健性检验 164
- 6.5 本章小结 179

第7章 研究结论、政策建议及展望 ………………………… **181**
7.1 研究结论 …………………………………………………… 181
7.2 政策建议 …………………………………………………… 183
7.3 研究不足与展望 …………………………………………… 185

参考文献 ……………………………………………………… **187**

第1章 绪 论

1.1 研究背景与意义

1.1.1 研究背景

投资是市场经济条件下配置资源的重要手段，融资是资本市场服务市场经济最直接的手段，二者对国民经济的发展发挥着至关重要的作用。党中央、国务院历来高度重视和支持投融资工作，并在投融资领域进行了一系列改革探索。早在有计划的商品经济时期，《国务院关于印发投资管理体制近期改革方案的通知》（国发〔1988〕45号）就明确指出："只有继续推进投资体制的改革，才能消除'投资饥饿'的痼疾，促进投资结构的合理化，显著提高投资效益乃至整个经济效益。"2004年7月16日，为充分发挥市场配置资源的基础性作用，进一步深化投资体制改革，国务院出台了《国务院关于投资体制改革的决定》（国发〔2004〕20号）。党的十八大以来，我国政府更是把投融资体制改革作为全面深化改革的重要内容和主要突破口，并积极印发了一系列政策文件。为充分发挥投资对稳增长、调结构、惠民生的关键作用，同时解决融资难、融资贵的问题，中共中央、国务院在2016年7月5日印发实施的《关于深化投融资体制改革的意见》中提出:"充分激发社会投资动力和活力"以及"创新融资机制,畅通投资项目融资渠道"。2017年10月18日,习近平总书记在党的十九大报告中同样强调:"深化投融资体制改革,发挥投资对优化供给结构的关键性作用"。2021年3月11日,十三届全国人大四次会议通过的《中华人民共和国国民经济和社会发展第十四个五年规划和2035年远景目标纲要》明确强调:"优化投资结构,提高投资效率,保持投资合理增长",并提出了多个鼓励应用和创新的融资渠道。

随着我国政府积极探索和不断深化投融资体制改革,特别是党的十八大以来,我国经济结构战略性调整和转型升级加快推进,经济社会发展取得了来之不易的辉煌成就。然而,同时也要看到,我国在经济转型升级、结构调整优化过程中仍有未治愈的"顽疾",存在低端产能过剩,资源配置效率低下,债务杠杆率过高,以及投资项目融资难、融资贵等各种投融资问题。与之相对应的是,我国微观企业普遍存在投资效率低下、融资效率不高以及投融资期限错配等问题。投资和融资是公司资本流动过程中不同阶段的动态表达,投资效率和融资效率表征公司资产配置及资金运作的能力,会影响到公司在激烈市场竞争中的生存能力以及未来的发展前景,投资期限和融资期限的合理匹配则决定着既定投资项目能否平稳顺利开展,是公司可持续发展的重要保障和基础。作为公司战略发展和财务管理中至关重要的决策事项,投融资决策的质量高低直接关系着公司经营目标能否实现。本书探求公司投融资决策质量的提高路径,不仅在微观上对公司提质增效、加快发展壮大尤为关键,在宏观上亦对提高整个经济体系运行的质量和效益,具有重要的实践意义。

根据委托代理理论,现代公司不仅存在由两权分离产生的第一类代理问题，还存在由股权集中引发的第二类代理问题，两类代理问题均潜在干扰着公司正常经营活动，对公司投融资决策产生不利影响。尤其在我国上市公司中，大股东股权高度集中，而社会公众股股权高度分散，控股股东通过把握董事会的控制权，甚至亲自出任或委派最得力的亲信担任董事长或首席执行官（chief executive officer，CEO），从而将公司资源支配权和各项重大经营决策权掌握在自己手中。加之控股股东与高级管理人员的利益契合度和目标重合度较高，致使管理层的经营决策也在很大程度上反映着控股股东的意志。因此，我国上市公司的代理问题更多表现为控股股东与非控股股东之间的利益分歧和矛盾冲突。在现实中，控股股东滥用控制权、侵占非控股股东权益事件频频发生，因控股股东巨额占款、掏空导致公司被迫退市的案例亦层出不穷，例如上海国嘉实业股份有限公司（股票代码：600646）因控股股东北京和德实业公司恶意操纵掏空资金高达5亿元，于2003年9月22日被终止上市；猴王股份有限公司（股票代码：000535）因控股股东猴王集团挪用资金逾12.2亿元，于2005年9月21日被强制退市。更为惊人的是，2021年12月的短短7天内，便有5家上市公司被证监会立案调查，其中，江苏澄星磷化工股份有限公司（股票代码：600078）及其控股股东澄星集团于2021年12月7日收到证监会《立案告知书》，根据公司公告内容，澄星集团于2020年占用资金37.54亿元，截至2021年9月30日，仍占用本息22.23亿元（未经审计）。其余4家分别是浙江步森服饰股份有限公司（股票代码：002569）、腾邦国际商业服务集团股份有限公司（股票代码：300178）、江苏鼎胜新能源材料股份有限公司（股票代码：603876）、众应互联科技股份有限公司（股票代码：002464），上述公司之所以陷入危局，或多或少都与控股股东涉嫌挪用巨额资金、掏空上市公司有关。由此可见，如何在监督管理层机会主义行为的同时兼顾约束控股股东私利侵占行为是公司治理机制设计的重中之重，也是提高公司投融资决策质量的关键路径。

在现行的公司治理模式下，非控股大股东是一种非常特殊、常见而又重要的存在，具有"非控股股东"与"非中小股东"特殊身份的他们既有动机也有能力积极参与公司治理，不仅能够对管理层进行有效监督，而且能够与控股股东形成相互掣肘，有效缓解上市公司中的双重委托代理问题。非控股大股东的客观存在及其在公司治理中的强势地位，促使学者们改变了"除控股股东之外的其他股东代表同一群体且具有较弱的监督能力"这一传统观点，并深刻剖析非控股大股东这一权益资本的重要供给者对公司治理效率的影响。结合现实案例和文献资料，非控股大股东实现公司治理的链条应该是"监督（用手投票）→退出威胁（用嘴威胁）→退出（用脚投票）"。基于特定情境与成本收益的考量，非控股大股东会相机抉择上述治理手段和方式。一般而言，非控股大股东会先采用"用手投票"的方式来表达自身利益诉求。当"用手投票"效力不佳时，非控股大股东会采取其他治理手段来积极维护自身权益，释放"退出威胁"便是其中最为关键的一环。作为证券交易内幕信息的知情者，非控股大股东掌握着较多与公司股票内在价值相关的私有信息，其异常退出行为引起的羊群效应会对股价产生重要影响，因而非控股大股东能够通过威胁控股股东和管理层"转让所持股份并引发股价下跌"，作为与之"讨价还价"的筹码，以此制约其谋取私利的行为，进而有效发挥治理作用。在上述两种方式都失效时，非控股大股东最后还可以凭借"用脚投票"的手段来实现权利自救。

在 2003—2020 年，我国沪深 A 股上市公司控股股东的平均持股比例持续下降，存在非控股大股东的上市公司的数量则呈现出明显的上升趋势（如图1-1所示）。结合关键时间节点来看，自2005年我国启动股权分置改革以来，上市公司控股股东的平均持股比例下降非常明显；至2007年底，股改已基本完成，股市逐渐步入"全流通时代"，控股股东平均持股比例由2005年股改前的40%高位降至35%左右；党的十八大以来，混合所有制改革加速推进，上市公司控股股东的平均持股比例进一步下降，尤其自2015年险资大举入市以来，2020年上市公司控股股东的平均持股比例已降至33%左右。在这一历程中，我国上市公司的股权结构趋于制衡性与多元化，存在非控股大股东的上市公司的数量呈现出逐年递增的趋势，2009年之后上升趋势尤为明显，2012—2013年虽有小幅下降，但2014年之后又呈现出持续大幅上升的趋势。现阶段我国资本市场中小股东权益保护机制严重缺乏，作为股权制衡的核心作用点，非控股大股东是可以与控股股东相抗衡的重要力量，其在我国上市公司中发挥的治理作用逐渐受到重视。基于上述背景，本书将研究视角聚焦到非控股大股东这一重要的治理机制，深入考察其对公司投资支出-投资机会敏感性、资本结构动态调整速度以及投融资期限错配的影响，在此基础上为上市公司进一步优化股权结构、监管机构营造良好制度环境，以及充分发挥非控股大股东的良性治理作用提供政策建议。

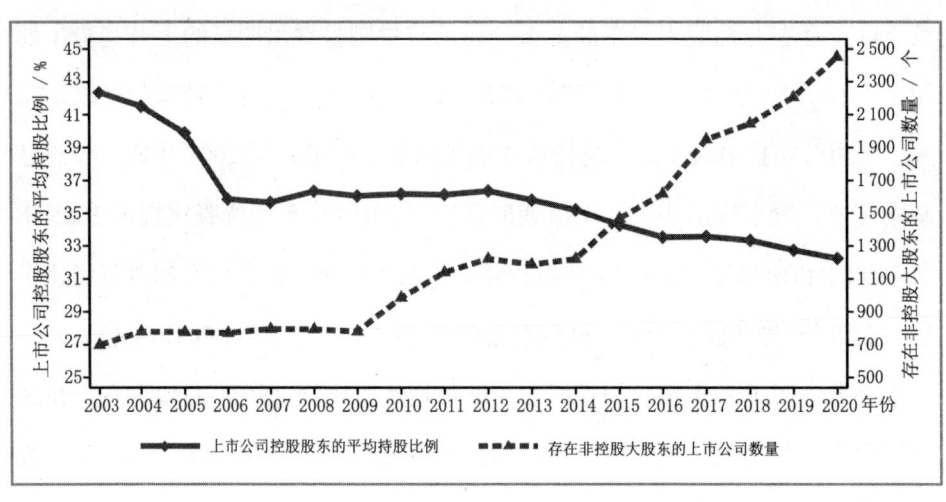

图 1-1　上市公司控股股东平均持股比例和存在非控股大股东公司数量的年度变化趋势

数据来源：作者根据研究需要自制。

1.1.2　研究意义

投融资决策，是公司战略发展和财务管理中至关重要的决策事项，其科学性和合理性直接影响公司经营目标的实现，探究公司投融资决策的影响因素一直是学术界和实务界共同关注的重要议题。随着我国资本市场股权分置改革的深入发展，股市逐步进入"全流通时代"，上市公司的股权结构也逐渐趋于制衡性与多元化，存在非控股大股东的公司数量明显增加。本书以非控股大股东为研究焦点，选取公司投资支出-投资机会敏感性、资本结构动态调整速度、投融资期限错配这三个视角，从理论与实证上系统全面地分析和检验非控股大股东对公司投融资决策的影响，具有重要的理论意义和现实意义。具体内容如下。

1. 理论意义

第一，本书充分考虑了大股东的"身份"，将非控股大股东与公司控股股东和内部大股东（即管理层和家族企业成员）及其一致行动人严格区分开来，并将非控股大股东的"监督（用手投票）→退出威胁（用嘴威胁）→退出（用脚投票）"这一治理链条纳入理论分析框架，为研究非控股大股东如何发挥公司治理效应提供了较为清晰完整的解释路径，同时还细化了大股东治理对公司投融资决策的影响研究，从非控股大股东这一新视角完善了中国特殊背景下大股东治理的相关学术理论。

第二，尽管已有研究考察了非控股大股东参与公司治理的方式（如派驻董事或退出威胁）对公司投资效率的影响，但主要集中在偏离最优投资的程度这一视角，尚无文献从是否把握最优投资的时机和方向视角展开研究。本书基于资本逐利的经济规律，考察非控股大股东对公司投资支出-投资机会敏感性的影响，延伸了非控股大股东影响公司投资决策研究的范畴。进一步地，本书将投资决策构成的公司价值划分为持续经营、增长、清算三种状态的期权价值，考察非控股大股东对不同状态公司价值的影响，丰富了基于实物期权的公司估值理论。

第三，尽管针对大股东治理如何影响公司资本结构、债务期限结构、融资成本或融资约束的研究已颇为丰富，但主要集中在静态视角，鲜有文献从动态资本结构的视角展开研究。首先，本书考察非控股大股东对公司资本结构动态调整速度的影响，拓宽了大股东治理影响公司融资决策研究的领域。其次，本书区分实际资本结构偏离目标水平的不同方向和调整方式，考察了非控股大股东对资本结构动态非对称调整速度的影响。再次，基于中国特殊的制度背景，考察了公司产权性质对非控股大股东与资本结构动态调整速度之间关系的调节效应。最后,还结合我国上市公司债务融资短期化的特点,考察了非控股大股东对短期和长期资本结构动态(非对称)调整速度的影响。对上述一系列问题的探讨,深化和延伸了资本结构动态调整的理论基础。

第四,以往文献大多仅从投资规模或效率、债务融资规模或结构等单一视角对大股东治理如何影响公司投资决策、融资决策分别展开研究,忽略了我国在特殊金融制度下普遍存在的公司投融资期限错配问题。本书结合投资期限与融资期限,考察非控股大股东对公司投融资期限错配的影响,拓展和深化了大股东治理影响公司投融资决策的研究范畴和内容体系。总体来看,本书基于效率和匹配度的双重视角将公司投资支出－投资机会敏感性、资本结构动态调整速度、投融资期限错配纳入同一框架,为非控股大股东与公司投融资决策问题研究提供了较为系统的分析框架和丰富的实证研究成果。

2. 现实意义

第一,本书研究为提高公司投融资决策质量提供了新的思路。我国政府部门持续推进投融资体制机制改革,着力推进去杠杆调整和供给侧结构性改革,然而当前我国上市公司仍存在投资效率低下、负债水平整体偏高、投融资期限错配等问题,如何有效提高公司投融资决策的质量以实现公司价值最大化目标是当前亟须解决的重要问题。本书从非控股大股东这一重要的治理机制入手,探究公司投融资决策的优化路径,为解决当前我国上市公司中普遍存在的投资支出与投资机会"背离"、资本结构动态调整速度"迟缓"以及投资项目与配套融资方案在期限结构上的"错配"等问题提供了一定的实践指引。此外,微观企业总体的投融资决策质量很大程度上也决定了整个社会的资源配置效率以及整个经济体系运行的质量和效益,因而探求公司投融资决策质量的提高路径,对提高整个社会的资源配置效率、推动我国经济长期高质量发展具有非常重要的现实意义。

第二，本书研究为上市公司优化股权结构、监管机构完善非控股大股东参与公司治理的路径提供了一定的实践指导。本书通过研究非控股大股东对公司投资决策、资本结构决策以及投融资期限错配的影响，所得实证结果可检验我国上市公司中的非控股大股东是否有效发挥了治理作用、能否有助于公司制定更加科学合理的经营决策，进而准确评估在上市公司中积极引入非控股大股东是否合理。研究结论还可为当前我国深入推进混合所有制改革、大力培育和发展机构投资者、深化资本市场对外开放，鼓励外部投资者入市参与公司治理提供证据支持，不仅对上市公司进一步优化股权结构，提高公司治理效率，最终实现公司价值最大化具有一定的指导意义，也对监管机构营造良好制度环境以充分发挥非控股大股东治理机制的良性作用，进而促进我国资本市场稳定健康发展具有非常重要的现实价值和启示意义。

1.2 概念界定与说明

1.2.1 非控股大股东的概念界定与说明

非控股大股东，顾名思义，是指上市公司中不掌握控制权但持股比例又相对较高的股东，具有"非控股股东"与"大股东"的特殊身份。参照陈克兢（2019）和余怒涛等（2023）的方法，将持股比例超过5%的股东视为大股东，除去控股股东以及持股比例超过5%的管理层和家族企业成员，其余的大股东则为本书的研究对象。根据股东是否掌握上市公司的控制权，很容易将其划分为控股股东和非控股股东。关于以持股比例超过5%作为大股东的界定标准，本书详细梳理了我国相关法律法规的规定，其中《上市公司大股东、董监高减持股份的若干规定》（证监会公告〔2016〕1号）中提及了"上市公司控股股东和持股5%以上股东"，并且《上市公司股东、董监高减持股份的若干规定》（证监会公告〔2017〕9号）中也有类似表述；此外，《中华人民共和国证券法》（2019年修订）第五十一条规定："证券交易内幕信息的知情人包括：持有公司百分之五以上股份的股东及其董事、监事、高级管理人员，公司的实际控制人及其董事、监事、高级管理人员"，且第六十三条规定："投资者持有或者通过协议、其他安排与他人共同持有一个上市公司已发行的有表决权股份达到百分之五时，应当在该事实发生之日起三日内，向国务院证券监督管理机构、证券交易所作出书面报告"。上述法律法规均以持股5%作为大股东的界定标准，并认定持股比例超过5%的股东会对上市公司的经营管理产生重要的影响。因此，本书将大股东定义为持股比例超过5%的股东。

还需说明的是，按照《中华人民共和国公司法》（简称公司法）（2018年修正）的规定，"股东会会议由股东按照出资比例行使表决权"，且我国沪深交易所对股东权利行使方面的规定也奉行"一股一票"的"比例性原则"。然而事实上，我国部分上市公司的股东可通过亲缘关联、任职关联、产权关联等关系或签订一致行动人协议等方式共同持股，在行使股东表决权时通过采取一致行动的手段来表达自身诉求、维护切身利益。因此，为了尽可能地排除股东持股比例与表决权不一致的情况，本书通过手工整理股权关系信息，将存在关系的一致行动人视为同一股东，再合并计算持股比例以界定大股东。总体来看，本书的非控股大股东被定义为，与其一致行动人合计持股比例超过5%但又不掌握上市公司控制权，且不是控股股东和内部大股东（即管理层和家族企业成员）及其一致行动人的外部投资者。

1.2.2 公司投资支出-投资机会敏感性的概念界定与说明

公司投资支出-投资机会敏感性指的是在以新增投资为被解释变量、以投资机会为主要解释变量的回归模型中投资机会的回归系数，根据该系数的大小及显著性水平可判断公司的新增投资是否随投资机会增加而有所提高，若投资支出-投资机会的敏感性系数显著为正，则代表公司在面临好的投资机会时显著地增加了投资支出。基于投资支出-投资机会的敏感系数法已成为测度公司投资决策科学性和合理性的一种基本范式。这是因为，在完美的资本市场条件下，公司内外部融资的成本和风险相同，公司进行投资决策时无须考虑外部资金的融资成本（Franco Modigliani et al., 1958）。当公司投资支出为 I 时，若自有资金 C 低于 I，则需从资本市场中进行融资，所需资金为 $I-C$，假定投资 I 的产出函数为 $f(I)$，且一阶导数 $f' > 0$，二阶导数 $f'' < 0$，单位产出的预期盈利能力为 Q，等于单位产出与单位投入的差额。若不考虑初始资本投入与折现率，基于一阶最优条件 $\max\{Q \times f(I) - I\}$，可得到最优投资支出，最优解 I^* 满足 $f'(I^*) = 1/Q$，再对 Q 进行求导，可以得到 $dI^*/dQ > 0$，即最优投资支出与 Q 呈正相关。Q 表征单位产出的预期盈利能力的同时，也可用于反映公司所面临的投资机会，故给定产出函数 $f(I)$，完美资本市场中公司的最优投资支出 I^* 仅与投资机会 Q 相关，也即公司投资支出仅取决于其面临的投资机会，在面临好的投资机会时选择投资扩张决策，而在投资机会较差时则选择缩减投资规模。基于上述观点，在研究公司投资决策问题时，便诞生了投资支出-投资机会的敏感系数模型。

1.2.3 公司资本结构动态调整速度的概念界定与说明

在定义公司资本结构动态调整速度之前，本书认为有必要对资本结构、目标资本结构、资本结构动态调整进行详细的介绍。第一，资本结构指的是构成公司全部资本的来源以及各类资本之间的比例关系，反映公司在一定时期内采取不同融资方式形成的筹资组合结果，资产负债率是其最常用的测度指标。第二，目标资本结构，也即理论上的最优资本结构，是指使筹资组合的资本成本最低且公司价值最大的资本结构。第三，资本结构动态调整指的是公司采取各种措施对资本结构进行调整，使其向目标资本结构逐渐靠拢的过程。资本市场的不完善使得公司的实际资本结构与目标资本结构之间存在一定偏差。由于公司内在条件和外部环境时刻在发生着变化，目标资本结构也处于一个变动的过程中，故而公司实际资本结构向目标水平靠拢的过程也随着目标资本结构的动态变化而呈现出动态调整趋势，这便是资本结构动态调整。

资本结构动态调整速度是指公司实际资本结构趋向目标资本结构进行调整的快慢程度。尽管公司实际资本结构难以与目标水平时刻保持一致，但一个追求价值最大化的公司不会使其资本结构长期偏离最优值，而是会以尽可能快的速度消除二者之间的偏差。鉴于公司的内部特征及其所处外部环境存在复杂性和变化性，资本结构动态调整速度也不完全一致，但给定其他约束条件不变，公司实际资本结构向目标水平靠拢的速度越快，对公司实现价值最大化这一目标越有利，资本结构决策的效果也就越好。由此可见，动态调整速度的大小反映了公司资本结构决策的效率。此外，还需特别说明的是，公司资本结构动态调整速度是一个既有数值大小又有特定方向的指标，当公司实际资本结构高于目标资本结构时,公司应加速降低资产负债率,即加速向下调整;当实际资本结构低于目标资本结构时,公司应加速提高资产负债率,即加速向上调整。

1.2.4 公司投融资期限错配的概念界定与说明

公司投融资期限错配指的是公司的投资项目与配套融资方案在期限结构上"错配"的现象。理想匹配的状态是公司所融的长期资金(包括银行长期贷款、长期债券融资和股权融资等)恰好能覆盖全部长期投资所需资金,且公司所融的短期资金恰好能覆盖全部短期投资所需资金,呈现出"长融长投、短融短投"的特征,然而这一状态在公司实际运行中难以长期保持。实质上,偏离这一理想状态存在两种情况:一是公司过多地依赖短期融资来维持公司长期投资活动,致使公司的投融资期限匹配状态呈现出"短融长投"的特征;二是公司拥有的长期资金未能较好地进行长期投资,而是过多地用于短期资产配置,致使公司的投融资期限匹配状态呈现出"长融短投"的特征。一般而言,"长融短投"代表了公司所融的长期资金非常充裕,在负担全部长期投资所需资金之余,还有剩余资金可用于配置到短期投资中,这种情况基本上不会给公司造成不利的影响。"短融长投"则会加剧财务风险、引发流动性危机甚至引致公司破产,且在现实中普遍存在。尤其在中国金融系统中,银行等金融机构长期占据主导地位,其提供的长期贷款并不能充分满足公司对长期投资的需求,与此同时,债券市场发展的相对滞后和高门槛限制也使得债券融资困难重重,难以在长期贷款不足时发挥补充作用,致使中国上市公司的投融资期限错配主要表现为"短融长投"而非"长融短投"。因此,本书所讨论的公司投融资期限错配指的是"短融长投"（后文亦称"短贷长投"）这一类型。

1.3 研究思路与方法

1.3.1 研究思路

本书遵循"提出问题—理论剖析—实证检验—对策建议"的研究逻辑链条，全面系统地分析与检验非控股大股东对公司投融资决策的影响，研究思路大致如下：首先，基于上述研究背景，提出本书的核心问题，也即针对当前备受关注的上市公司投融资决策问题，非控股大股东能否发挥其治理作用？其次，为了解答上述问题，本书结合我国资本市场环境及制度背景，通过重点梳理相关研究文献和理论基础，深入剖析非控股大股东影响公司投融资决策的机理，并推演出一系列符合我国国情且可供检验的研究假设，由此构建出本书的理论分析框架。再次，在理论研究的基础上，构建计量经济模型，获取细致的数据和资料，再综合运用多种计量方法进行周密的定量分析，实证检验非控股大股东对公司投融资决策的影响。最后，结合理论分析和实证检验结果，提出相应的政策建议，为提高上市公司投融资决策质量、构建合理的股权结构、优化公司治理体系以及监管机构进一步完善非控股大股东参与公司治理的路径提供有价值的参考和借鉴。

非控股大股东在上市公司中持有的股权份额较高，且更加重视公司长期发展带来的股价提高，投融资决策是公司战略发展和财务管理中最重要的决策事项，其科学性和合理性直接关系到公司未来发展潜力和长期价值创造，因而与非控股大股东的利益得失密切相关。本书之所以选择公司投资支出－投资机会敏感性、资本结构动态调整速度、投融资期限错配作为公司投融资决策质量的代理变量，原因在于：第一，一个追求价值最大化的公司所做出的投资决策应符合资本逐利的经济规律，也即公司会根据投资机会的实际情况动态地调整投资支出，当面临较好的投资机会时选择扩大投资规模，当面临较差的投资机会时则会选择缩减投资规模，表现为公司投资支出对其投资机会高度敏感。第二，资本结构是公司融资决策的核心，尽管各种内外部因素的影响会使得公司实际资本结构偏离目标资本结构，但一个追求价值最大化的公司会以尽可能快的速度缩小二者之间的差距，使其资本结构尽量接近最优状态，表现为公司资本结构动态调整速度较快。第三，投资和融资是公司资本流动过程中不同阶段的动态表达，二者之间的关系密切，投融资期限的合理匹配关系着既定投资项目能否平稳顺利开展，是公司可持续发展的重要保障。一个追求价值最大化的公司会使其投资项目与配套的融资方案在期限结构上高度匹配，使用期限较长的融资手段（如银行长期贷款、长期债券融资和股权融资等）为长期投资融资，表现为投融资期限错配程度较低。而反过来看，不论是公司投资支出与投资机会"背离"、资本结构动态调整速度"迟缓"还是投融资在期限结构上"错配"，都偏离了公司价值最大化目标。因此，本书基于逻辑一致性，从效率和匹配度的双重视角出发，选取公司投资支出－投资机会敏感性、资本结构动态调整速度、投融资期限错配这三个不同的视角来考察非控股大股东对公司投融资决策的影响，有助于更全面深入地认识和理解非控股大股东在上市公司中的治理效应。

1.3.2 研究方法

本书运用规范理论分析和实证检验研究相结合的方法,并按照科学研究的一般程序来展开研究。首先,采用文献研究法,对国内外已有的与本书主题密切相关的研究文献加以系统归纳与总结。其次,在理论研究阶段,通过合理的逻辑推理推演出一系列符合我国国情且可供检验的研究假设。再次,在理论研究的基础上,构建计量模型并设计合理的计量识别策略,获取细致的数据和资料,再借助现代计算机技术进行数据处理,综合运用多种计量方法进行周密的定量分析,以检验理论分析部分所推导出的研究假设。最后,在对策研究阶段,立足于我国当下的现实需要,结合理论分析和实证检验结果,力求对策建议具有扎实的理论基础、客观的现实依据、科学的数据支撑和明确的政策含义。具体而言,本书所采用的研究方法主要有文献研究法和实证分析与规范分析相结合两种方法。

1. 文献研究法

文献研究法为本书相关文献资料的搜集、整理、鉴别与运用提供了指导,亦为本书的理论框架构建、研究假设提出以及实证研究设计提供了依据,进而可以更加系统地了解与本书研究主题密切相关的已有研究成果和最新动态,发现尚未解决或尚需进一步深入研究的问题,既为本书研究奠定了坚实可靠的理论基础,也可突出本书的研究贡献。具体而言,本书通过搜集和整理非控股大股东与公司投融资决策的相关文献,对与本书核心研究主题相关的研究成果和最新进展进行了较为全面细致的探讨并形成了较为清晰的系统认识,进而总结出现有研究的不足之处并尝试探索相应的解决方案,最后归纳和整理了非控股大股东对公司投融资决策影响的逻辑思路,形成本书的研究内容和基本框架。

2. 实证分析与规范分析相结合法

实证分析与规范分析相结合是经济学的一贯原则，其中规范分析法是以一定的价值判断作为出发点和落脚点，提出某些标准作为制定经济政策、分析和解决经济问题的参考依据，是对政策手段或经济行为加以评判的一种研究方法，旨在回答"应该是什么"的问题。实证分析法则是分析经济问题"是什么"的研究方法，其基本特征在于从社会经济现象及其发展规律的分析和归纳中概括出基本前提假设，并以此作为理论分析的逻辑起点，再综合运用一系列分析工具描述、分析和解释客观事实，可为规范分析法的逻辑推理和判断提供经验证据。

具体到本书的研究，在规范分析方面，本书系统性地梳理了与研究主题有关的已有文献和理论基础，进而形成了对非控股大股东是否影响公司投融资决策以及如何影响的价值判断标准，并依据这一标准提出了相应政策建议。在实证分析方面，本书在理论分析的定性基础上定量考察非控股大股东对公司投融资决策的影响。具体步骤如下：首先，在数据资料的搜集与整理阶段，以2004—2019年我国沪深A股上市公司为初始研究样本，从国泰安（China Stock Market & Accounting Research Database，CSMAR）数据库中获取上市公司的股东信息、股权信息、财务数据以及股票交易数据等，并借助Stata和Excel统计软件以及Gephi可视化和分析软件进行数据处理。其次，在研究设计与实证分析阶段，通过设计合理的计量识别策略，综合运用多种统计分析方法（如面板数据混合最小二乘法、固定效应模型、双重差分模型、Heckman两阶段模型以及倾向得分匹配法等），逐一地检验理论分析部分推导出的研究假设。最后，基于一系列研究发现总结出本书的研究结论。

1.4 研究内容与框架

1.4.1 研究内容

基于上述研究思路，本书致力于从理论与实证上分析和检验非控股大股东对公司投融资决策的影响，具体而言，本书始终以非控股大股东为逻辑轴线，全面、系统、深入地研究以下三方面关键问题。

首先，非控股大股东对公司投资决策（投资支出-投资机会敏感性）的影响问题。此部分的主要研究内容包括：第一，非控股大股东是否影响公司投资支出-投资机会敏感性以及如何影响？第二，在控股股东是否进行股权质押以及当期经济政策不确定性高或是低的不同情境下，非控股大股东对投资支出-投资机会敏感性的影响是否存在着明显的差异？第三，非控股大股东影响公司投资支出-投资机会敏感性的经济后果究竟如何，最终能否提升公司的增长/清算期权价值？第四，异质非控股大股东对公司投资支出-投资机会敏感性的影响效应是否存在着明显的差异？

其次，非控股大股东对公司资本结构决策（资本结构动态调整速度）的影响问题。此部分的主要研究内容包括：第一，非控股大股东是否影响公司资本结构动态调整速度以及如何影响。第二，非控股大股东对公司资本结构动态调整速度的影响在实际资本结构偏离目标水平的不同方向上是否呈现出非对称性？第三，公司的产权性质对非控股大股东与公司资本结构动态调整速度之间的关系具有何种调节作用？第四，进一步区分短期资本结构和长期资本结构。从长期来看，非控股大股东对资本结构动态调整速度的影响如何？从短期来看，影响又如何？这两者之间是否存在显著差异？非控股大股东对短期/长期资本结构动态调整速度的影响在不同偏离方向上又是否呈现出非对称性？

最后，非控股大股东对公司投融资期限错配的影响问题。此部分的主要研究内容包括：第一，非控股大股东是否以及如何影响公司投融资期限错配？第二，资产可抵押性对非控股大股东与公司投融资期限错配之间的关系具有何种调节作用？第三，股票流动性对非控股大股东与公司投融资期限错配之间的关系具有何种调节作用？

1.4.2 研究框架

基于上述研究思路与研究内容，全书共分为7个章节，各章节内容概括如下。

第1章是绪论。首先，本章节介绍研究背景，继而据此提出研究问题，并分析其理论意义与现实意义；其次，针对本书相关的核心概念进行详细的界定与说明；再次，大致介绍了本书的研究思路与所采用的研究方法；从次，大体概括了全书的结构安排，并详细阐述了各章节的研究内容；最后，对本书可能存在的创新点与贡献予以总结。

第2章为文献综述。非控股大股东对公司投融资决策的影响研究的理论逻辑来源于对现有相关文献的梳理与总结。本章节分别从非控股大股东参与公司治理方式相关研究、非控股大股东对上市公司的影响研究以及大股东治理对公司投融资决策的影响研究这三个方面，对国内外现有的与本书密切相关的研究文献进行了系统梳理，并进行了简要的评述。本章节除了条理清晰地归纳非控股大股东与公司投融资决策相关研究的进展与基本结论之外，也有助于找到现有研究的不足之处，在此基础上再结合我国的现实情况提出本书的解决方法，由此构建非控股大股东影响公司投融资决策的研究基础。

第3章为非控股大股东对公司投融资决策影响的理论分析。本章节基于相关重要理论，并结合中国实际情况以及现有文献的观点，分别就非控股大股东如何影响公司投资决策、资本结构决策以及投融资期限错配进行了理论分析，并提出了相应的研究假设。具体来说，首先，本章节探讨了非控股大股东对公司投资决策的影响，并在此基础上进一步探讨了控股股东股权质押、经济政策不确定性对上述关系的影响。其次，本章节探讨了非控股大股东对公司资本结构决策的影响，进一步结合公司实际资本结构偏离目标水平的方向，探讨了非控股大股东对资本结构动态非对称调整速度的影响，同时还深入探讨了公司产权性质对上述关系的调节效应。最后，本章节探讨了非控股大股东对公司投融资期限错配的影响，在此基础上进一步探讨了公司资产可抵押性、股票流动性对上述关系的调节效应。本章节的理论分析与研究假设为后续的实证分析提供了坚实可靠的理论基础和明确清晰的检验目标。

第4章为非控股大股东对公司投资决策影响的实证分析。本章节采用投资支出-投资机会敏感性来测度公司的投资决策质量，同时以是否存在非控股大股东、非控股大股东的数量以及非控股大股东持股比例之和这三个指标来刻画非控股大股东特征，研究非控股大股东对公司投资支出-投资机会敏感性的影响，并进一步从控股股东股权质押、经济政策不确定性这两个方面分别进行异质性分析，再利用双重差分模型和倾向得分匹配法缓解潜在的内生性问题，并通过更换公司投资支出、投资机会、经济政策不确定性的测度、将样本期限缩短至2010年及之后，以排除中国股权分置改革、环球金融危机等外生事件的影响等不同方式进行其他稳健性测试。进一步地，深入考察非控股大股东对公司投资决策的影响最终能否提升其增长/清算期权价值。最后，根据"股东性质"将非控股大股东划分为国有、外资以及其他三种类型，考察异质非控股大股东对公司投资决策的影响效应是否存在差异。

第5章为非控股大股东对公司资本结构决策影响的实证分析。本章节基于标准的部分调整模型测算资本结构动态调整速度，同样以是否存在非控股大股东、非控股大股东的数量以及非控股大股东持股比例之和这三个指标来刻画非控股大股东特征，研究非控股大股东对公司资本结构动态调整速度的影响，进一步根据公司实际资本结构偏离目标水平的不同方向，考察非控股大股东对公司资本结构动态调整速度的影响是否会表现出非对称性。同时，考虑到我国特殊的经济体制和制度背景，考察公司的产权性质对非控股大股东与资本结构动态调整速度之间关系的调节效应，利用倾向得分匹配法缓解潜在的内生性问题，并通过剔除资本结构动态调整中的机械调整部分、控制影响目标资本结构的公司治理层面变量、将样本期限缩短至2015年及之前，以排除去杠杆政策的影响等不同方式进行其他稳健性测试。进一步地，区分短期资本结构和长期资本结构，考察非控股大股东对短期资本结构和长期资本结构动态调整速度的作用效果是否存在差异，以及在二者偏离目标水平的不同方向上，非控股大股东的治理效应是否会呈现出非对称性。

第6章为非控股大股东对公司投融资期限错配影响的实证分析。本章节基于"资金缺口"的短贷长投这一指标测度公司的投融资期限错配程度，同样以是否存在非控股大股东、非控股大股东的数量以及非控股大股东持股比例之和这三个指标来刻画非控股大股东特征，研究非控股大股东对公司投融资期限错配的影响，并进一步引入资产可抵押性和股票流动性作为调节变量，分别考察公司的资产可抵押性和股票流动性对非控股大股东与投融资期限错配之间关系的调节效应，同时利用公司固定效应模型、倾向得分匹配法以及Heckman两阶段模型缓解潜在的内生性问题，并通过更换短贷长投、投融资期限错配的测度、剔除债券融资的影响，以及消除贷款利率市场化改革的影响等不同方式进行其他稳健性测试。

第7章为研究结论、政策建议及展望。首先，本章节系统地归纳和总结了上述章节实证分析所得研究结论；其次，将客观实证分析结果与社会价值判断标准相结合，提出符合我国社会经济环境、制度背景以及上市公司治理实践的政策建议；最后针对本书尚存的不足之处对未来研究方向进行了展望。

本书框架图如图1-2所示。

第1章 绪 论

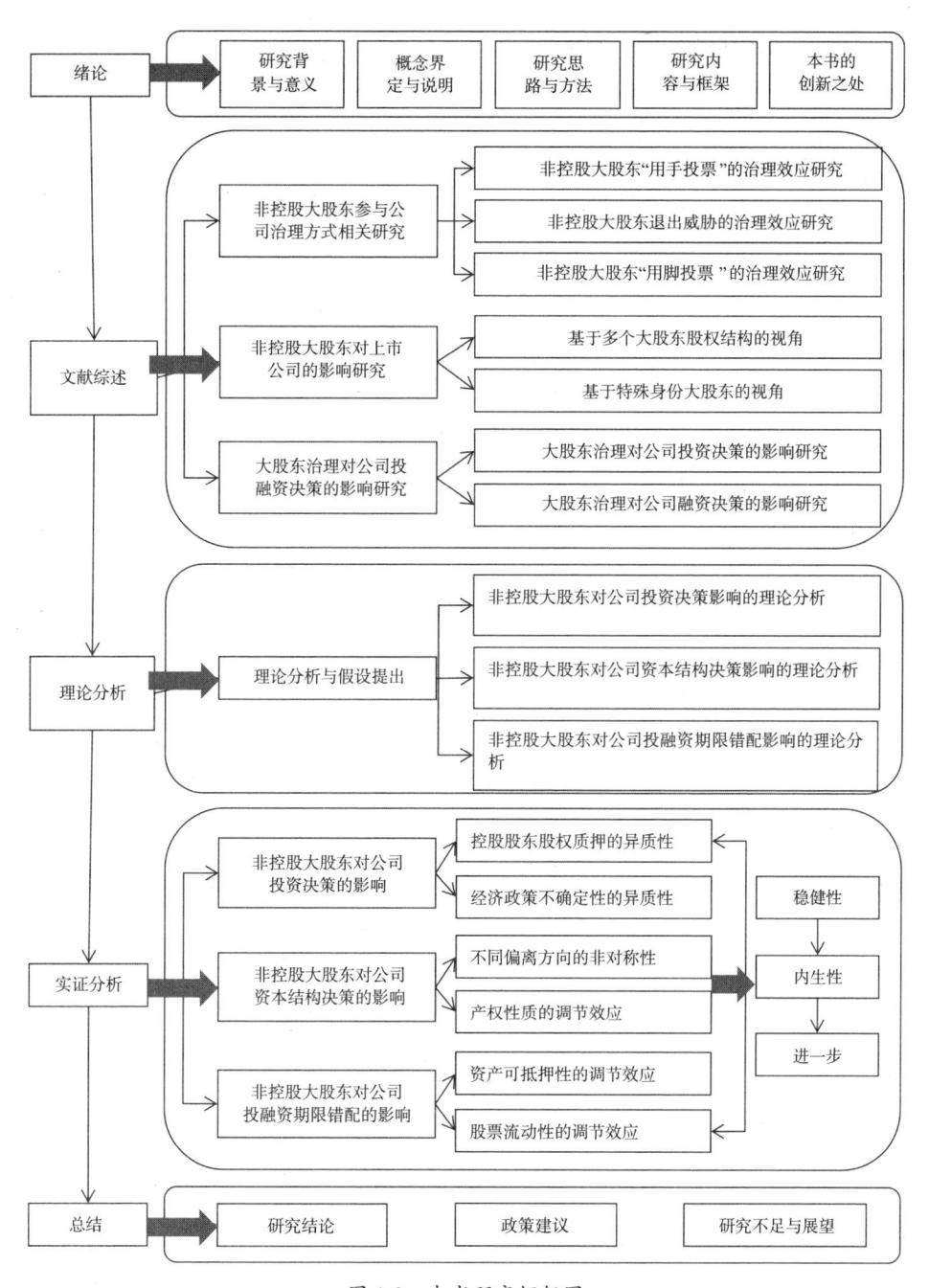

```
绪论 ──→ 研究背景与意义 | 概念界定与说明 | 研究思路与方法 | 研究内容与框架 | 本书的创新之处
  │
  ↓
文献综述 ──→ 非控股大股东参与公司治理方式相关研究 ──→ 非控股大股东"用手投票"的治理效应研究
                                              ├─→ 非控股大股东退出威胁的治理效应研究
                                              └─→ 非控股大股东"用脚投票"的治理效应研究
           ├─→ 非控股大股东对上市公司的影响研究 ──→ 基于多个大股东股权结构的视角
           │                                └─→ 基于特殊身份大股东的视角
           └─→ 大股东治理对公司投融资决策的影响研究 ──→ 大股东治理对公司投资决策的影响研究
                                                └─→ 大股东治理对公司融资决策的影响研究
  │
  ↓
理论分析 ──→ 理论分析与假设提出 ──→ 非控股大股东对公司投资决策影响的理论分析
                           ├─→ 非控股大股东对公司资本结构决策影响的理论分析
                           └─→ 非控股大股东对公司投融资期限错配影响的理论分析
  │
  ↓
实证分析 ──→ 非控股大股东对公司投资决策的影响 ──→ 控股股东股权质押的异质性 | 经济政策不确定性的异质性 ──→ 稳健性
           ├─→ 非控股大股东对公司资本结构决策的影响 ──→ 不同偏离方向的非对称性 | 产权性质的调节效应 ──→ 内生性
           └─→ 非控股大股东对公司投融资期限错配的影响 ──→ 资产可抵押性的调节效应 | 股票流动性的调节效应 ──→ 进一步
  │
  ↓
总结 ──→ 研究结论 | 政策建议 | 研究不足与展望
```

图1-2 本书研究框架图

资料来源：作者根据研究需要自制。

1.5 本书的创新之处

本书可能的创新之处主要体现在以下几个方面。

第一，现有关于非控股大股东参与公司治理方式的研究已证实非控股大股东不仅能够通过在股东大会中行使投票权，或通过派驻董事在董事会上行使表决权等"用手投票"方式参与公司治理，还能够通过"用脚投票"甚至仅"用嘴威胁"的方式发挥一定的治理效应。然而，这类研究仅侧重于某单个方面，且早期有关非控股大股东的治理效应研究在理论分析中主要从"用手投票"和"用脚投票"这两个角度进行阐述，忽视了"退出威胁"这一重要环节。本书将非控股大股东通过"监督（用手投票）→退出威胁（用嘴威胁）→退出（用脚投票）"来实现公司治理纳入理论分析框架，为非控股大股东如何发挥公司治理效应提供了更为清晰完整的解释路径，同时也丰富了中国特殊背景下大股东治理的相关学术理论。

第二，与传统股权制衡指标关注"前十大股东"不同，本书着眼于持股比例较大的非控股股东，这些大股东更可能实际参与公司治理，故探讨非控股大股东的治理效应更符合我国上市公司治理实践。在现有文献的基础上，本书对非控股大股东的界定与测度进一步细化。首先，早期研究忽略了大股东之间的异质性和可竞争性，本书不再将大股东视为同质性群体，而是充分考虑了大股东的"身份"，严格区分了控股股东、内部大股东（管理层和家族企业成员）和其他大股东（即非控股大股东）。其次，已有文献忽视了股东之间可能存在关联或一致行动人关系，本书通过手工整理股权关系信息，将存在关系的一致行动人视为同一股东，再合并计算持股比例以界定大股东，更准确地刻画了上市公司实际的持股情况，从而为非控股大股东对上市公司的影响研究提供更加真实可靠的结论。最后，与现有关于多个大股东股权结构的研究不同，本书以是否存在非控股大股东、非控股大股东的数量、非控股大股东持股比例之和这三个指标刻画非控股大股东特征，由此得到的研究结论更能准确地反映非控股大股东发挥的治理作用。

第三，与已有文献采用基于斯科特·理查森（Scott Richardson，2006）预期投资模型回归所得残差来测度非效率投资进而考察非控股大股东对公司投资效率的影响不同，本书首次基于资本逐利的经济规律，从公司投资决策的动态过程（即是否把握最优投资的时机和方向）的视角出发，考察非控股大股东对公司投资支出-投资机会敏感性的影响，并将投资决策构成的公司价值划分为持续经营、增长和清算三种状态的期权价值，从实物期权角度深化了非控股大股东对不同状态下公司价值的影响，厘清了非控股大股东、公司投资决策与价值创造之间的内在联系，不仅丰富和拓展了非控股大股东经济后果和公司期权价值影响因素的相关研究，也从新的视角为非控股大股东提升公司价值的研究提供了增量证据。此外，本书基于控股股东股权质押和经济政策不确定性的异质性分析以及对异质非控股大股东的进一步考察，也有助于更全面地认识非控股大股东对公司投资决策的影响。

第四，已有大股东治理与公司融资决策领域的研究主要集中在公司债务水平、债务期限结构等静态资本结构视角，在动态框架里研究公司资本结构的文献不多，本书将研究视角延伸到动态资本结构，从而丰富和拓展了大股东治理与公司融资决策领域的研究范围。本书采用动静相结合的方法，基于偏离方向静态结果考察非控股大股东在资本结构调整速度动态过程中的作用，揭示了动态调整速度的"非对称性"现象。进一步对短期资本结构和长期资本结构进行细化区分后发现，非控股大股东对资本结构动态调整速度的提升作用主要是通过加速降低短期实际资本结构向上偏离目标水平的程度而实现的。此外，本书还结合我国特殊的制度背景，深入探究了公司的产权性质对非控股大股东与资本结构动态调整速度之间关系的调节作用。因此，本书的研究不仅丰富和完善了资本结构动态调整的理论基础，还有助于加深对中国上市公司资本结构动态调整方面的认识。

第五，以往文献大多仅从公司的投资规模、效率、债务融资规模或期限结构等单一视角考察大股东治理对公司投资决策、融资决策单个方面的影响，本书则结合了公司投资与融资期限，从投融资关系这一双维度视角考察非控股大股东对公司投融资期限错配的影响，是对已有大股东治理影响公司投融资决策研究的有益补充和拓展。此外，有关中国上市公司的投融资期限错配问题，以往文献主要是从公司不可控的宏观经济或制度环境因素入手，探讨投融资期限错配的缓解措施，而本书将研究视角聚焦于非控股大股东这一重要的治理机制层面，并考察了资产可抵押性和股票流动性对非控股大股东与公司投融资期限错配之间关系的调节效应，既有助于全面客观地认识中国上市公司投融资期限错配的成因，也为如何有效缓解这一问题提供了新的思路，同时也进一步补充和完善了公司投融资期限错配影响因素领域的研究以及非控股大股东经济后果领域的研究。

第 2 章　文献综述

2.1　非控股大股东参与公司治理方式相关研究

2.1.1　非控股大股东"用手投票"的治理效应研究

非控股大股东持股比例较高，其参与公司治理最直接的"用手投票"方式就是在股东大会中积极行使投票权。2004 年 12 月 7 日，《关于加强社会公众股股东权益保护的若干规定》（证监发〔2004〕118 号）正式发布，决定试行公司重大事项社会公众股股东表决制度，该制度赋予了非控股股东更多的参与决策权和话语权，从而有效约束控股股东侵害公司价值和中小股东利益的自利行为（陈志宏 等，2013）。吴磊磊等（2011）研究发现，在公司章程中设置累积投票条款显著强化了非控股股东权力，进而有效抑制了控股股东对董事任免的垄断和对资金的恶意占用。李姝等（2018）利用 2007—2016 年我国 A 股制造业上市公司股东大会的投票数据，发现非控股股东积极行权显著促进了公司的创新投入及产出，且这一影响主要是通过抑制控股股东的掏空行为来实现的。符号亮等（2020）以 1998—2018 年我国 A 股上市公司为研究对象，发现非控股股东的行权积极性显著抑制了公司的过度风险承担行为，且这一作用主要是通过抑制控股股东的掏空侵占来实现的。回志洋和方红艳（2022）选取2006—2015年2 203家中国上市公司为样本，发现非控股大股东拥有的实际投票权更多，CEO薪酬-绩效敏感性更高，证实了非控股大股东在我国资本市场中的积极作用。

除了在股东大会中积极行使投票权外，非控股大股东参与公司治理的另一种"用手投票"方式就是通过派驻董事在董事会上行使表决权。董事会席位不仅赋予了非控股大股东直接参与公司战略管理及经营决策等董事会决策的投票权，还为非控股大股东提供了深入了解公司实际经营管理活动的机会，因而非控股大股东派驻董事被视为协调控股股东和非控股股东之间利益分歧和矛盾冲突的重要方式。祝继高等（2015）利用2006—2011年A股上市公司董事会议案投票的数据，比较了非控股股东董事与独立董事在履行监督职责方面的差异，发现相比其他董事，非控股股东董事投反对票或者弃权票的概率明显更高，且相比独立董事，非控股股东董事能够起到更好的监督和制衡作用。胡诗阳和陆正飞（2015）以2006—2011年我国A股上市公司为样本，发现非控股股东董事能够显著抑制公司过度投资行为，且这一作用不受两职合一与两权分离的影响。逯东等（2019）以2007—2015年国有上市公司为对象，研究发现非控股大股东的董事会权力显著提升了国企并购效率，表现为发起并购重组的可能性较低但所选项目的并购经营绩效和市场绩效较高。祝继高等（2021）基于2005—2018年我国A股上市公司的董事投票数据，发现当董事会议案事关非控股股东切身利益时，其派驻的董事更有可能投非赞成票，且此积极发声行为最终能够降低代理成本、提高经营效率和公司价值。吴秋生和独正元（2022）基于混合所有制改革的背景，以2013—2018年我国A股国有上市公司为研究对象，发现非国有股东通过委派董事在董事会上积极行使投票权能够有效促进国有企业的资产保值增值，证实了非控股大股东能够通过委派董事在董事会层面参与决策、实现制衡来发挥公司治理作用。

亦有研究从非控股大股东在股东大会上投票（持股比例）和在董事会上投票（派驻董事、高管）这两个维度界定了其参与公司治理的程度，如张伟华等（2021）以 2007—2017 年国有上市公司为样本，发现民营股东持股比例和派驻董事或高管均有助于缓解国企冗员问题。杜善重（2022）聚焦于我国家族上市公司中的"非家族力量"，发现非家族股东参与公司治理的两种方式均显著提升了家族企业的创新投入。诸多研究还对比分析了非控股大股东的两种"用手投票"方式的治理效应差异，如辛清泉等（2013）以 2003—2010 年国有上市公司为研究对象，发现非控股股东派驻董事的比例越高，CEO 变更－业绩敏感性越强，表明非控股股东通过派驻董事能够显著提高公司治理效率，其持股比例则无显著影响。蔡贵龙等（2018）利用沪深国有上市公司 2008—2015 年的 6 219 个观测值进行实证检验，发现非国有股东委派董事或董监高对国企的高管薪酬业绩敏感性具有提升作用，而其持股比例对国企高管薪酬激励没有显著影响。张任之（2019）选取 2008—2017 年国有上市公司作为研究对象，同样从持股比例和派驻董事这两个方面界定了非国有股东对国有企业的治理强度，发现非国有股东派驻董事有助于遏制国企高管的腐败问题，其持股比例则没有显著影响。

2.1.2 非控股大股东退出威胁的治理效应研究

随着行为金融学的兴起，非控股大股东的退出威胁也逐渐受到重视，其治理效应更是成了近些年来公司治理领域的前沿和热点研究。由于股权分置改革为我国股市提供了流动性，不少研究以此为基础测度大股东的退出威胁，如姜付秀等（2015）基于我国股改事件构建了退出威胁的虚拟变量，发现大股东退出威胁有效遏制了控股股东的私利攫取行为，并提高了公司的经营业绩，且上述作用在退出威胁的强度更大、可信度更高的情况下更显著。奥莱-克里斯蒂安·霍普等（2017）同样利用中国的股权分置改革这一外生的永久性冲击，发现与大股东退出威胁未增加的公司相比，大股东退出威胁增加的公司更能提高绩效。胡建雄和殷钱茜（2019）则将研究视角聚焦于上市公司的分红行为，其发现大股东退出威胁的增强有助于降低不分红的"铁公鸡"行为，且这一影响效应在内部治理较为孱弱时更加显著。此外，由于我国资本市场引入融资融券制度大幅提升了股票的流动性，亦有研究以此测度退出威胁，如余怒涛等（2021c）以 2007—2019 年存在非控股大股东的 A 股上市公司为研究样本，借助融资融券试点与扩容构造多时点双重差分模型，证实了非控股大股东退出威胁对公司财务报告质量的治理作用。余怒涛等（2021a）同样采用这一方法，考察非控股大股东退出威胁对公司投资效率的影响及其作用机制，以 2007—2018 年 A 股上市公司为样本的实证结果表明，非控股大股东通过威胁公司管理层继而提高了投资效率。孙玲娜等（2021）利用纽交所 2001 年启用小数计价法作为对股票流动性的外生冲击来识别大股东退出威胁的影响，基于 1996—2006 年 1 417 家美国上市公司的数据，发现大股东退出威胁与公司现金持有量显著负相关，而与现金持有价值显著正相关，且退出威胁会促使公司增加股票回购并提高投资效率。

窦一炜等（2018）指出，退出威胁主要受到大股东之间竞争程度和股票流动性的影响，并开创性地以二者的交互项来测度退出威胁强度。基于美国上市公司的 11 968 个观测值的实证结果表明，大股东退出威胁有助于提高公司财务报告质量。阿克塞尔·R. 海林等（2020）以 2005—2012 年的美国大型上市公司为研究样本，发现大股东退出威胁（即大股东与市场流动性相结合）能够减轻管理层短视行为、促进企业创新投资。随着中国股权分置改革的顺利完成，股票市场流动性显著增强，上市公司中非控股大股东的变动也变得频繁，故后续诸多研究借鉴上述研究的研究做法，以非控股大股东竞争程度和股票流动性的交互项来测度非控股大股东退出威胁。陈克兢（2018）基于 2007—2015 年我国上市公司的数据，发现非控股大股东退出威胁有助于抑制公司应计/真实盈余管理行为，这一作用在可融券卖空、高财富股价敏感性、高市值管理敏感性的公司中更强，也验证了退出威胁的"治理假说"。陈克兢（2019）以 1999—2015 年我国上市公司为样本，发现非控股大股东退出威胁越强，公司管理层代理成本和控股股东代理成本均越低。阳春花和王菁华（2020）以 2007—2018 年 A 股上市公司为样本，发现大股东退出威胁能够降低因高管一己私利而造成的避税行为，且这一作用在退出威胁程度更强、外部治理更弱的情况下更为明显。陈克兢等（2021）利用 2010—2018 年我国上市公司的数据，发现非控股大股东退出威胁显著提高了公司的创新水平，且放松卖空约束（加强大股东减持管制）能增强（削弱）退出威胁对公司创新的影响效应。王爱群和刘耀娜（2021a）基于 2009—2019 年我国上市公司的数据，验证了降低双重代理成本、改善信息质量、降低融资约束是非控股大股东退出威胁提升公司创新投入的重要渠道。王爱群和刘耀娜（2021b）聚焦于创新效率而非单纯的研发投入或专利产出，发现非控股大股东退出威胁有助于提高公司研发创新效率并促进其技术进步。然而，徐朝晖等（2022）基于 2008—2018 年中国 A 股上市公司的数据，发现非控股大股东退出威胁并没有促进反而显著抑制了企业创新，并将其解释为中国资本市场投资者更注重短期利益、缺乏长期价值投资意识，因而更倾向于金融资产投资而非研发投资。王志芳和索成瑞（2022）以2013—2019年我国A股上市公司完成的9 839起并购事件为研究对象，发现非控股大股东退出威胁能够改善公司并购绩效，且此正向影响在退出威胁的强度更大、可信度更高的情况下更显著。李蒙等（2021）以2003—2019年我国A股上市公司的数据为样本，发现非控股大股东利用自身可置信的退出威胁能够显著抑制控股股东质押下的自利性捐赠行为。林川（2020）则从股市稳定性的视角对外资大股东退出威胁的治理效应进行深入考察，选取2007—2018年我国A股主板上市公司为研究对象，发现外资大股东的退出威胁有助于股票市场崩盘的概率与风险。廖静和刘星（2020）以2007—2017年1 055家国有上市公司为样本，发现稳定型机构投资者的退出威胁显著降低了国企的过度投资，且公司信息透明度、代理成本以及所处外部环境对上述关系均具有显著的调节效应，证实了仅可置信的退出威胁才能真正发挥治理作用。

2.1.3　非控股大股东"用脚投票"的治理效应研究

官峰等（2016）选取2006—2008年因股权分置改革而限售解禁的461家上市公司和695个非控股大股东为研究对象，发现股改之后非控股大股东较多地选择了对原非流通股进行减持，持股比例明显下降，且非控股大股东的直接监督能力越弱，减持程度越高，这揭示了股份获得流通权后"用脚投票"是非控股大股东维护自身权益的重要方式。高燕等（2016）利用中国上市公司股权分置改革后股票进入"全流通"这一市场环境，选取2005—2014年我国上市公司为样本，发现非控股大股东采用"用脚投票"的方式显著抑制了上市公司中存在的两类代理成本，这揭示了非控股大股东通过"退出机制"能够有效地约束管理层和控股股东的私利行为。程敏英等（2020a）以我国股权分置改革后锁定期届满的前十大股东抛售事件为样本，发现非控股大股东在抛售股份时获得了显著为正的超额收益，而控股股东抛售股票时获得的收益与非控股大股东的持股比例显著负相关，这表明非控股大股东具有监督作用，能够有效防止控股股东掠夺上市公司。程敏英等（2020b）则以2006年6月至2014年12月控股股东及其关联股东的股票抛售事件为样本，考察非控股大股东与控股股东之间的关系是否影响公司治理以及如何影响，研究发现与控股股东存在关联的非控股大股东在出售股票之前获得了比控股股东更高的异常回报，这揭示了股东关系在促进私人利益攫取和监督规避方面发挥着重要作用。

2.2 非控股大股东对上市公司的影响研究

2.2.1 基于多个大股东股权结构的视角

现有研究大多基于多个大股东股权结构的视角探讨了非控股大股东对上市公司产生的影响，并形成了一系列的研究成果。这类研究将上市公司的股权结构划分为两种类型：一种是只有一个控股股东的单一大股东股权结构，另一种则是除了控股股东以外还存在其他大股东（即非控股大股东）的多个大股东股权结构。从全球范围来看，无论是资本市场体系较发达的西方国家，还是尚不成熟完善的发展中国家，上市公司普遍存在着多个大股东并存的股权结构安排（Najah Attig et al.，2008；Luc Laeven et al.，2008），其治理效应及其经济后果已成为近年来引发国内外学者广泛关注和热烈讨论的重点议题。现有研究认为，多个大股东并存的股权制衡模式能够制约控股股东对公司资源和非控股股东利益的侵占，提高上市公司的治理水平（纳贾·阿提格等，2009）。劳尔·巴罗佐·卡萨多等（2016）也指出，多个大股东股权结构能够帮助上市公司建立和完善规范化的公司治理体系和股东保护机制，不仅能够有效约束控股股东的寻租行为，还能够通过构建制度化的沟通渠道和参与平台调和股东之间的利益分歧和矛盾冲突。

来自世界其他主要经济体资本市场的经验证据大多表明，多个大股东的股权结构安排能够改善公司绩效，提升公司价值。保罗·沃尔平（2002）研究发现，在意大利上市公司中，相比单一大股东公司，多个大股东公司的高管变更 - 业绩敏感性更高，公司绩效也更好。本杰明·莫里和阿内特·帕胡斯特（2005）以芬兰上市公司为样本，同样发现多个大股东有助于提升公司价值，当大股东之间的股权较为分散且为家族所控制时，这一正向作用更为显著。毛里西奥·哈拉 - 贝尔廷等（2008）利用11个欧洲国家的家族企业数据，发现多个大股东股权结构引发的代理权竞争有助于提升企业价值。纳贾·阿提格等（2009）利用东亚地区9个经济体1 252家上市公司的数据，发现多个大股东公司中非控股大股东的存在、数量以及持股比例之和显著提升了公司价值。基于中国资本市场的研究亦发现多个大股东并存的股权结构安排能够显著提高公司业绩，如贾钢和李婉丽（2008）发现，多个大股东公司中非控股大股东的存在有利于保护公司外部中小股东的利益，最终可提升上市公司的价值。覃志刚和陈茂南（2020）提供的证据亦表明，多个大股东的股权结构对公司业绩起到了促进作用。基于股权分置改革前后的数据，叶勇等（2013）分析了公司股权结构变化、控股股东类型对公司业绩的影响，发现股改后，与单一大股东控制的公司相比，多个大股东控制的公司业绩较高。熊风华和黄俊（2016）考察股权集中度与股权制衡度对公司绩效的影响，发现单一控制性大股东的"利益趋同效应"与"隧道效应"同时存在，而多个非控制性大股东的存在可以对实际控制人起到监督和制衡作用。

此外，亦有研究基于不同研究视角验证了多个大股东对公司业绩的正向作用，例如纳贾·阿提格等（2013）利用22个国家/地区2 723家公司的数据，发现多个大股东显著提升了公司现金持有价值。林翠贞等（2016）利用中国上市公司的数据，发现多个大股东对超额现金持有价值的提升作用仅体现在控股股东为国有、非控股大股东为非国有的上市公司中。田昆儒和田雪丰（2019）运用倾向得分匹配法（propensity score matching，PSM）进行实证检验，发现相比单一股东的股权结构，多个大股东股权结构更有助于促进公司创新投资，进而创造更高的市场价值。高磊等（2020）的研究则表明，多个大股东能够有效缓解控股股东的风险规避倾向，进而促进公司价值最大化目标的实现。欧阳才越等（2020）使用中国上市公司数据，发现多个大股东并存的股权结构显著抑制了公司的税收规避行为，并通过降低非税成本最终提升了公司价值。冯晓晴等（2020）基于2007—2017年A股上市公司的数据，发现多个大股东有助于引导公司积极履行社会责任，最终助力公司长期价值的提升。申艳艳等（2023）以2003—2018年2 923家中国上市公司为样本，发现多个大股东公司发起关联方并购重组交易的概率较小，即便发起，所支付的并购溢价较低，并购绩效较高，这为多个大股东在上市公司中发挥积极作用提供了证据支持。

除了公司财务业绩和市场价值之外，现有研究还从其他诸多视角验证了多个大股东的股权结构对上市公司的积极影响。马影等（2019）利用2008—

2016年我国A股上市公司的数据，发现较之单一大股东控制的公司，多个大股东公司的内部控制质量更高，且非控股大股东人数越多、持股比例之和越高，第二大股东相对于控股股东的制衡能力越强，公司内控质量就越好。陈凤钦等（2019）以中国政府控制的国有上市公司为样本，发现多个大股东的股权结构有助于缓解代理问题，表现为较低的管理费用率、较强的高管薪酬-业绩敏感性、较少的关联方交易以及较低的劳动力冗余。姜付秀等（2018）以2000—2015年A股上市公司为样本，发现非控股大股东能够有效遏制控股股东刻意隐匿坏消息，进而显著降低公司的未来股价崩盘风险。姜付秀等（2020）发现，多个大股东能够有效抑制控股股东股权质押后的私利行为，提高公司盈余信息含量，并降低股价崩盘风险，且上述影响随着非控股大股东相对力量的增强而增强。德夫·米什拉（2011）利用9个国家1 686家公司的数据，发现当单一大股东占据支配性地位时，其更倾向于采取保守策略以获取控制权私有收益，致使公司的风险承担水平较低，多个大股东则有助于改善公司内部治理，进而显著提升公司的风险承担水平。冯晓晴和文雯（2020）以2007—2016年我国A股上市公司为研究对象，同样也发现多个大股东有助于提高公司的风险承担水平，且非控股大股东人数越多、持股比例之和越高，风险承担水平越高。王美英等（2020）则基于我国大力推行混合所有制改革的背景，发现国企混改中引入多个大股东能够强化对内部人员的监督和制约，进而显著提高公司的风险承担水平，且这一正向影响在非控股大股东的制衡力量越大时越显著。罗宏和黄婉（2020）以2007—2017年A股上市公司为样本，发现多个大股东能够有效约束高管的机会主义减持行为，并降低其减持的获利能力，且此效应在非控股大股东人数更多、持股比例更高以及存在机构大股东或国有大股东时更显著。赵西卜等（2021）利用2010—2018年中国上市公司的数据，发现多个大股东与公司欺诈的概率和频率显著负相关，这揭示了非控股大股东在内部治理中起着监督作用。曹丰等（2019）基于2008—2015年中国上市公司数据考察多个大股东在公司社会责任报告中的作用，发现控股股东持股比例越高，公司社会责任报告的质量越差，而当控股股东和非控股大股东之间的权力更加平衡时，这种堑壕效应会减弱，且此权力制衡效果在控股股东和非控股大股东的身份相同时更显著。王晓霞等（2021）利用2009—2017年中国884家上市公司的4 940个观测值，发现多个大股东的股权结构显著促进了公司社会责任的履行。魏锋和陈莹莹（2022）聚焦于上市公司现金股利的分配问题，其发现存在多个大股东的公司更倾向于发放现金股利，从股权结构视角为改善公司与投资者之间的关系提供了启发。有关公司资产投资决策方面，孙泽宇和齐保垒（2022）利用2007—2018年A股上市公司共计23 193个观测值，发现多个大股东显著抑制了金融资产投资、促进了实体资产投资，并且缓解融资约束和改善主业经营业绩是多个大股东助推企业"脱虚返实"的主要作用机制。赵彦锋等（2022）基于2007—2019年A股上市公司的数据，亦发现多个大股东具有抑制金融投资、促进实体投资的积极效应，并且非控股大股东的数量越多、制衡力量越大，对"脱实向虚"的抑制作用就越显著。

然而，亦有研究表明，多个大股东并存的股权结构安排有可能会对上市公司产生消极影响，如朱冰等（2018）提供的证据表明，多个大股东会抑制公司创新，且当非控股大股东的数量越多、相对于控股股东的力量越大时，这一负向影响就越显著，这为多个大股东共存所导致的"过度监督"提供了经验支撑。方园丽等（2018）以2005—2014年中国上市公司为样本，发现多个大股东与管理层的超额薪酬显著正相关，揭示了多个大股东股权结构的"黑暗面",也即多个大股东之间的协调摩擦降低了股东对管理层的监督效率,继而加剧了第一类代理问题。赵国宇(2019)利用2007—2016年我国上市公司的数据,发现多个大股东公司中异质性大股东的存在会引发利益冲突,进而加大协调难度,而大股东之间的"特殊关系"则易滋生利益合谋问题,进而导致股权制衡和内部监督失效,这些特殊情况均容易被CEO加以利用并获得超额薪酬。不仅如此,公司中多个大股东的存在不一定能够形成股权制衡的结构,股东之间可能具有"合谋动机",且持股比例较为接近的大股东之间更易达成合谋(Charlie X Cai et al., 2016)。张国清(2010)选取2007年1 351家中国A股上市公司为研究对象,发现多个终极大股东的控制权竞争、第二或第三位终极大股东进入管理层对公司绩效的影响可能表现为监督和激励效应,也可能表现为合谋和侵害效应,抑或是两种效应共存并相互抵消。莫滕·本内森和丹尼尔·沃尔芬松(2000)指出,大股东之间可能通过亲缘关联、交易关联、持股关联等方式组成"共同体",侵占中小股东的利益。蔡宁和魏明海(2011)基于发起人身份、产权性质差异以及关联关系等视角刻画了大股东之间的关系,并以此来解读股东合谋、利益输送等问题,其发现非控股大股东与控股股东之间的关系越密切,减持时就越有可能与控股股东达成合谋,进而获取较高的减持收益。吕怀立和李婉丽(2015)构建了2003—2012年中国家族上市公司的股东合谋指数,发现股东合谋会加剧家族企业的非效率投资,尤其是过度投资。同样基于家族企业大股东之间普遍存在"裙带关系"这一特殊情境,牛瑞阳等(2021)从审计定价的视角证实了家族企业多个大股东之间的合谋动机。程敏英等(2013)基于2002—2008年中国A股上市公司的数据,发现存在关联关系的多个大股东之间的合谋掏空行为对公司价值和中小股东利益的侵害尤为严重。上述研究揭示了在考察多个大股东对公司治理或公司价值的影响时,考虑非控股大股东的身份非常重要。

2.2.2 基于特殊身份大股东的视角

第二大股东被视为能够与控股股东相抗衡的关键主体,故早期研究主要将非控股大股东治理聚焦到第二大股东,例如埃里克·莱曼和尤尔根·魏根(2000)基于1991—1996年361家德国上市公司的数据,发现第二大股东显著改善了公司业绩。段云等(2011)利用1999—2005年A股上市公司的数据,发现内部董事占比与由控股股东派驻的外部董事占比均与控股股东持股比例呈显著正相关关系,而与第二大股东持股比例呈显著负相关关系,这揭示了非控股大股东的存在能够削弱控股股东在董事会安排中的自由度和权力。郝云宏等(2015)运用多案例研究方法(组内个案纵向研究、组内/组间跨案例对比研究),发现第二大股东通过"占据董事会席位"和"引入关系股东"的方式能够对控股股东进行有效的监督与制衡,并能从中获得一定好处。汪茜等(2017)基于博弈矩阵模型分析了第二大股东制衡的动因及必要性,由此揭示了股权比例是影响第二大股东制衡能力的重要因素。颜才玉和何红渠(2018)以独立于控股股东的第二大和第三大股东作为研究对象,并基于这些股东的三种属性(持股比例之和、身份、董事会/管理层代表)来充分捕捉非控股大股东的治理效果,发现非控股大股东显著提高了公司的绩效和投资效率。

亦有研究基于特殊样本考察了具有"特殊身份"的非控股大股东的治理作用,例如刘少波等(2014)以2006—2011年16家中国A股上市银行作为研究对象，发现引入外资（非控股）大股东有助于提升商业银行的短期绩效，但会对其长期价值产生负面作用。李翔和邓可斌（2014）基于2006—2011年A股上市公司的数据，从现金股利"隧道效应"视角验证了外资大股东能够有效抑制控股股东的掏空行为。狄灵瑜和步丹璐（2021b）利用2007—2018年A股国有上市公司面板数据，发现引入外资大股东有助于国有企业实施国际化战略，并且外资大股东持股比例越高，其对国际化进程的促进效应越显著。狄灵瑜等（2021）选取2007—2019年A股国有上市公司为研究样本，发现外资大股东显著提高了国有企业的研发投入水平。在中央深入推行混合所有制改革的现实背景下，近期研究重点考察了异质产权非控股大股东对上市公司的影响，例如林森等（2020）以2006—2017年中国民营上市公司为研究对象，发现民营非控股大股东显著缓解了代理冲突，并提高了公司业绩，国有非控股大股东则没有这种影响，反而加剧了过度投资。叶永卫和李增福（2021）选取2010—2017年国有上市公司为样本，发现非国有大股东具有的监督治理作用和融资约束强化效应提高了国有企业增持金融资产的"蓄水池"动机，最终提升了其金融化水平。钱爱民等（2023）则以2007—2018年民营上市公司为样本，发现国有大股东能够发挥降低代理成本的治理机制、提高银行信贷水平的融资机制以及获取实体投资机会的投资替代机制的作用，进而有效促进民营企业"脱虚返实"。狄灵瑜和步丹璐（2021a）利用2007—2018年上市公司的面板数据，发现国有企业的非国有大股东能够有效发挥监督作用、抑制控股股东私利行为，而非国有企业的国有大股东则可为公司建立政治关联、发挥资源支持效应，进而均可显著提高企业的创新投入度。张志平等（2021）以2008—2017年上市公司完成的境内并购事件为研究对象，发现异质性大股东显著提升了公司的并购价值，且其数量越多、持股比例之和越高，公司的并购价值就越高。

然而迄今为止，仅余怒涛等（2023；2021b）将大股东治理的研究视角聚焦到非控股大股东，其中余怒涛等（2023）考察的是非控股大股东对实体企业"脱实向虚"的影响，基于2007—2018年我国A股上市公司的数据，采用是否存在非控股大股东、非控股大股东持股比例之和这两个指标刻画非控股大股东特征，发现非控股大股东显著降低了公司基于套利动机持有长期金融资产的行为。进一步考察异质非控股大股东对公司金融化的影响是否存在差异，发现相较于国有和其他非控股大股东，外资大股东的治理效应最强，而相较于非金融机构大股东，金融机构大股东的治理效应更强。余怒涛等（2021b）采用同样的测度方式考察了非控股大股东对公司违规行为的影响，基于2008—2019年A股上市公司的数据表明，非控股大股东不仅能通过积极监督和干预的方式，也能通过退出威胁方式降低公司违规的概率和频次，为非控股大股东在上市公司中发挥的治理作用提供了新的经验证据。

2.3 大股东治理对公司投融资决策的影响研究

2.3.1 大股东治理对公司投资决策的影响研究

由于代理冲突的存在，掌握公司决策权的控股股东和管理层具有强烈的动机利用控制权和信息不对称的优势地位通过非效率投资行为实现自身利益最大化（李鑫 等，2014）。胡里奥·平达多和查贝拉·德拉托（2009）发现，股东和管理层之间的利益一致性以及一定程度的股权集中带来的监控效应均减轻了公司投资支出对现金流的敏感性。然而，在控股股东存在的情况下，公司投资不足和投资过度问题均会加剧。刘星和窦炜（2009）指出，在"一股独大"的上市公司中，由于非控股股东难以进行有效监督，控股股东会干预公司投资决策并选择有助于实现其控制权私有收益的投资项目，导致产生非效率投资现象。

作为重要的公司治理机制，大股东治理是否影响公司投资决策以及如何影响一直是公司治理领域研究的重要课题。马修·比特等（2011）的风险模型估计表明，强有力的股东治理有助于阻止管理层进行大规模投资，抑制过度投资。杨清香等（2010）利用2006—2008年1 118家A股上市公司的非平衡面板数据，发现控股股东持股比例越高，公司非效率投资现象越严重；而外部大股东持股比例越高，非效率投资行为越少。这揭示了非控股大股东能够有效监督和制约控股股东基于自利动机的非效率投资行为。姜付秀等（2018）从多个大股东股权结构的视角考察了非控股大股东对公司投资效率的影响，以2000—2014年1 640家中国A股上市公司为样本，发现与单一股东控股的公司相比，多个大股东公司的投资效率更高，表明非控股大股东的存在能够在公司内部中与控股股东形成股权制衡，进而对公司投资效率起到积极作用。关于非控股大股东参与公司治理的不同方式对公司投资效率产生的影响，胡诗阳和陆正飞（2015）证实了非控股大股东派驻董事能够约束公司的过度投资行为，且该作用不受董事长与CEO两职合一、控制股东控制权与现金流权分离这两类情形的影响。余怒涛等（2021a）研究发现，非控股大股东退出威胁能够显著提高公司投资效率，且这一影响在退出威胁的强度更大、可信度更高时更明显。廖静和刘星（2020）也发现，国有上市公司中稳定型机构投资者的退出威胁有助于抑制公司的过度投资行为。

2.3.2 大股东治理对公司融资决策的影响研究

现有关于大股东治理对公司融资决策的影响研究大体上可归纳为以下几个方面：第一，资本结构。一方面，债务作为一种治理手段有助于抑制控股股东和管理层的自利行为，为了规避债权人约束或出于防御动机，控股股东和管理层更倾向于减少债务使用（Philip G. Berger et al., 1997）。萨布里·布贝克等（2017）选取1998—2013年654家法国上市公司为样本，发现与"一股独大"公司相比，存在多个大股东的公司对银行债务的依赖程度更高，表明非控股大股东有助于降低控股股东规避银行监控的动机。另一方面，为了维持控制性地位或出于寻租动机，控股股东和管理层倾向于进行过度债务融资（Bart M. Lambrecht et al., 2008）。休伯特·德拉布鲁斯莱里和伊门·拉特鲁斯（2012）选取1998—2009年法国上市公司为样本，发现股权结构和资本结构之间呈"倒U形曲线"关系，控股股东在其持股比例较低时倾向于增加负债以期在不稀释控制权的前提下获取更多资金；而当持股比例达到一定程度时，控股股东与非控股股东的目标趋同，且财务困境也将促使其降低公司的负债水平。债务融资是公司获取外部资金的重要方式，且债权人利益保护机制尚不完善，故以公司名义获取债务融资再进行资金转移成为控股股东谋取私利的重要渠道。刘启贵和田钢（2012）发现，在中国股权分置改革之前，有超额控制权的公司具有较高的超额杠杆，且控股股东将资源更多地用于掏空而非投资于正净现值的项目。阿吉尼姆·博阿滕和黄蔚（2017）选取2001—2013年2 341家中国上市公司为样本，发现多个大股东有助于改善公司资本结构，降低控股股东实施过度负债政策的可能性。

第二，债务期限结构。西方成熟资本市场的经验还表明，为了规避债权人的频繁监控，自利的控股股东和管理层更倾向于减少短期债务的使用。哈姆迪·本-纳斯尔等（2015）利用1998—2013年法国上市公司的大样本数据，发现多个大股东公司的债务期限较短，这揭示了非控股大股东能够遏制控股股东对其私人利益的侵占。然而，我国债券市场尚不发达，且上市公司在信贷契约谈判中大多处于弱势地位，难以取得长期信贷资金（方军雄，2007），尤其在公司代理问题严重的情形下。肖作平和廖理（2007）发现，公司长期债务占比与控股股东持股比例显著负相关，而与少数大股东持股集中度显著正相关，这在一定程度上揭示了非控股大股东确实有助于改善公司的债务期限结构。郑啸（2016）发现，两权分离度越高，控制股东的私利攫取动机越强，此时债权人倾向于提供期限较短的债务以制约控股股东对其利益的掠夺行为，而较高的股权制衡度能够有效制约控制股东的私利行为，此时债权人更愿意提供长期债务，致使长期债务在公司总债务中所占的比重提高。李燕平和高雅（2018）以2004—2015年1 057家上市公司的平衡面板数据为样本，发现控股股东持股比例越高，公司债务的期限结构越趋于短期化，而多个大股东并存的股权结构有助于提高长期债务占比，这表明非控股大股东对控股股东的制衡作用有助于公司形成更加合理的债务期限结构。

第三，融资成本或融资约束。在集中的股权结构下，自利的控股股东存在转移或侵占公司资源的掏空动机，而这往往以牺牲非控股股东的利益为代价，因而公司会被要求支付较高的股权融资成本（罗琦 等，2015）。纳贾·阿提格等（2008）利用来自东亚8国和西欧13国共计1 165家上市公司的数据，发现多个大股东显著降低了公司的股权融资成本，且非控股大股东的数量越多、持股比例之和越高，股权融资成本就越低。大股东治理除了影响股权融资成本之外，还会对债务融资成本产生显著影响。林晨等（2011）利用

1996—2008 年 22 个国家 / 地区共计 3 468 家公司的数据，发现控股股东的过度控制权容易诱发道德风险行为，进而可抬升债务融资成本。王运通和姜付秀（2017）以 2003—2014 年 A 股上市公司为样本，研究发现多个大股东有助于降低债务融资成本，且非控股大股东人数越多、持股比例之和越高以及股权越分散，公司债务融资成本越低，这揭示了非控股大股东的治理作用能够有效协调股东与债权人的利益冲突。刘刚等（2020）利用 2007 年 9 月至 2016 年 12 月 503 家上市公司的债券发行数据，发现公司债券信用利差与股权集中度呈显著正相关关系，而与股权制衡度呈显著负相关关系，这从公司债券一级市场定价的视角为大股东治理如何影响公司债务融资成本提供了新的经验证据。类承曜和徐泽林（2020）选取 2007—2018 年发行公司债的非金融类上市公司为研究对象，发现多个大股东显著降低了公司债信用利差，且这一影响在公司治理状况较差、信息透明度较低、融资约束程度较高时更显著。姜付秀等（2017）以 2000—2014 年我国 A 股上市公司为样本，发现多个大股东有效缓解了公司融资约束，且此效应在非控股大股东的监督动机及能力较强时更显著。

2.4　文献述评

通过梳理已有文献可以发现，有关非控股大股东参与公司治理方式、非控股大股东对上市公司的影响以及大股东治理对公司投融资决策的影响，学术界不断予以研究和探讨，但现有研究仍存在一定的改进空间，具体表现在以下几个方面。

第一，现有关于非控股大股东参与公司治理方式的研究已证实非控股大股东不仅能够通过在股东大会中行使投票权，或通过派驻董事在董事会上行使表决权等"用手投票"方式参与公司治理，还能够通过"用脚投票"甚至仅"用嘴威胁"的方式发挥一定的治理效应。然而，这类研究仅仅侧重于某一单方面。早期有关非控股大股东的治理效应研究在理论分析中主要从"用手投票"和"用脚投票"这两个角度进行阐述，忽视了"退出威胁"这一重要环节。因此，有必要将非控股大股东通过"监督（用手投票）→退出威胁（用嘴威胁）→退出（用脚投票）"这一完整链条来实现公司治理纳入理论分析框架，从而为非控股大股东如何发挥公司治理效应提供清晰完整的解释路径。

第二，现有关于非控股大股东对上市公司的影响研究主要聚焦于多个大股东股权结构这一视角，然而，目前学术界对多个大股东在公司治理中的作用尚存争议。这类研究的理论分析主要围绕多个大股东的"监督效应"和"合谋效应"这两个方面展开，一方面认为多个大股东公司中其他大股东有动机和能力监督和约束控股股东的私利行为；另一方面又认为多个大股东之间可能会互相合谋，在实证检验中也会忽视大股东的"身份"，不会将上市公司的控股股东和内部大股东（即管理层和家族企业成员）及其一致行动人与外部大股东完全细分开来，导致基于不同研究对象（尤其是家族企业）所得的研究结论不一。因此，有必要考虑一致行动人问题，从而为非控股大股东的治理效应研究提供更加可靠的结论。

第三，尽管已有文献从非控股大股东派驻董事、退出威胁、多个大股东股权结构以及外部大股东等视角揭示了非控股大股东对公司投资效率的积极影响，但这类研究在实证检验中主要基于斯科特·理查森（2006）预期投资模型回归所得残差来测度非效率投资水平，迄今为止尚无文献基于资本逐利的经济规律，从公司投资决策的动态过程（即是否把握最优投资的时机和方向）的视角出发，考察非控股大股东对公司投资支出－投资机会敏感性的影响。

第四，现有文献主要从公司资本结构、债务期限结构、融资成本或融资约束等视角对多个大股东并存的股权结构如何影响公司融资决策展开研究，发现基于中国资本市场和西方成熟资本市场所得的结论存在着明显的差异。当前学术界将非控股大股东作为研究焦点探讨其对公司融资决策的影响研究明显不足，且已有大股东治理与公司融资决策领域的研究主要集中在静态资本结构视角。因此，有必要将研究视角延伸至动态资本结构，考察非控股大股东对公司资本结构动态调整速度的影响，从而丰富和拓展大股东治理与公司融资决策领域的研究范围。

第五，现有文献大多仅着眼于公司的投资规模或效率、债务融资规模或期限结构等单一视角来考察大股东治理对公司投资决策、融资决策的影响，就大股东治理影响下公司投资决策问题的研究未关注其融资渠道及期限结构如何，而就大股东治理影响下公司融资决策问题的研究忽视了其与资本投资期限的合理匹配性。事实上，上市公司普遍存在短贷长投的投融资期限错配问题，对于这种可能加剧财务风险、引发流动性危机甚至引致公司破产的投融资安排，非控股大股东能否发挥治理作用，尚无文献研究。因此，有必要从公司投融资期限错配的视角将投资和融资结合起来，为研究公司投融资决策问题提供较完整的分析框架。

现有研究成果存在的不足之处为本书研究的开展提供了较为合适的抓手和切入点，为此，本书尝试将非控股大股东作为研究焦点，从公司投资支出－投资机会敏感性、资本结构动态调整速度以及投融资期限错配这三个不同的角度就非控股大股东对公司投融资决策的影响展开细致深入的研究。

第3章 非控股大股东对公司投融资决策影响的理论分析

3.1 非控股大股东对公司投资决策影响的理论分析

在完美的市场条件下，投资机会是公司投资决策的唯一驱动因素，投资支出应当仅随着投资机会的变化进行增减调整（弗兰科·莫迪利安尼 等，1958；James Tobin，1969；F. Hayashi，1982）。然而，现实中的资本市场并非完美，市场中广泛存在的各种摩擦因素会对公司的投资决策产生影响，致使公司投资支出与投资机会不匹配，其中以信息不对称和代理问题最受关注（Stewart C. Myers et al.，1984；Michael C. Jensen，1986；Marianne Bertrand et al.，2003）。斯图尔特·迈尔斯和尼古拉斯·马吉卢夫（1984）认为，信息不对称导致公司难以向资本市场传递高质量投资项目的真实情况，因而无法以合理成本为投资项目筹措充足的资金，最终被迫放弃净现值为正的投资机会。迈克尔·詹森（1986）认为，管理者的私有收益主要源自其对公司资源的控制，公司规模越大，管理者可攫取的私有收益就越丰厚，因而自利的管理层有动机通过极力扩张投资（包括投资于净现值低于零的项目）来实现"帝国构建"，扭转公司的投资方向。此外，贪图安逸和追求享乐也可能使得管理层出现偷懒、逃避、懈怠等不当行为，因而白白错失良好的投资机会（玛丽安·伯特兰 等，2003）。除了股东和管理层之间的第一类代理问题之外，控股股东和非控股股东之间的第二类代理问题也是导致投资支出与投资机会不匹配的重要原因。谋求私有收益的控股股东有动机以牺牲非控股股东的利益为代价构建控制性资源（Andrei Shleifer et al.，1986；Rafael La Porta et al.，2000；Alexander Dyck et al.，2004），拥有绝对控制权的他们也完全有能力干预公司投资于可使其自身享受较高收益的项目，如高价投资或收购其私人资产，或开展有损公司价值的并购活动和投资业务（Ronald W. Masulis et al.，2009）。不仅如此，控股股东还可能通过超额派现、直接拆借、违规担保、利用购销性关联交易转移资产等方式侵占公司资金（Simon Johnson et al.，2000），进而挤占公司可用于价值型投资的资金。代理问题不仅会使得控股股东和管理层因一己私利而忽视投资项目的经济性评价，还会进一步恶化公司内外部信息不对称并带来融资约束问题，使得公司在面临好的投资机会时没有充足的资金支持，最终表现为公司投资支出与投资机会的匹配度不高。

3.1.1 从非控股大股东优化公司投资决策的动机分析

关于非控股大股东对公司投资决策的影响，本书认为，从非控股大股东优化公司投资决策的动机来看，首先，与中小股东或散户投资者更关注股价短期涨跌带来的短期投资收益不同，非控股大股东更重视公司长期高质量发展带来的股价持续稳定上涨（余怒涛 等，2023）。投资是公司发展过程中的一项重要活动，投资活动的合理性和科学性直接关系到公司未来发展潜力和长期价值创造（张国昌，2000），因而非控股大股东会愿意花费大量的时间和精力去关注公司投资决策是否符合"资本逐利动机",以防控股股东和管理层因贻误投资机会或盲目扩张投资导致未来股价大幅下跌给其带来巨额损失。其次,与怀有"搭便车"心理的中小股东不同(Sanford J. Grossman et al., 1980),非控股大股东在上市公司中持有的股权份额较高,控股股东和管理层的私利攫取行为对其利益损害更严重,故而非控股大股东更有动机对此进行监督和约束(姜付秀 等,2020)。诸多研究已表明,公司投资活动是控股股东和管理层攫取私利的主要渠道之一:控股股东为了增加其控制权私有收益会制定各种非效率投资决策(亚历山大·戴克 等,2004;刘星 等,2009);管理层出于帝国扩张(迈克尔·詹森,1986)、短期机会主义(M. P. Narayanan, 1985;Lucian Arye Bebchuk et al., 1993)、贪图享乐(玛丽安·伯特兰 等,2003)等自利性动机也会扭曲公司投资支出与投资机会的关系。因此,为了避免自身财富损失,非控股大股东有强烈的动机制约控股股东和管理层为追求私人收益而出现投资支出与投资机会的背离。

3.1.2 从非控股大股东优化公司投资决策的能力分析

从非控股大股东优化公司投资决策的能力来看,首先,具有一定信息优势和专业能力的非控股大股东不仅能够获悉更多公司层面的私有信息并对内部人的行为审核把关和监督制约(Marco Pagano et al., 1998;Luis H. Gutiérrez et al., 2009),而且能够根据行业间的总体分析和比较判断投资活动的经济性,因而很容易察觉出控股股东和管理层的投资行为选择是否得当。其次,非控股大股东的持股比例较高,可以依据《公司法》的规定请求召集临时股东大会,并以"用手投票"的方式积极参与公司投资决策,拥有一定表决权的他们在股东大会上的呼声和要求不易被忽略,因而能够有效制约控股股东和管理层侵占股东利益和阻碍公司长期发展的投资决策。已有研究表明,非控股股东在股东大会中积极行使投票权能够显著抑制控股股东和管理层等内部人恶意占用资金(吴磊磊 等,2011)、掏空侵占(李姝 等,2018;符号亮 等,2020)等自利行为。再次,持股比例较高的非控股大股东有机会向公司委派董事或高管直接参与公司战略管理及经营决策,以另一种"用手投票"的方式对公司投资决策产生积极影响。胡诗阳和陆正飞(2015)的研究表明,非控股大股东通过派驻董事显著抑制了公司过度投资行为。祝继高等(2021)也发现,当董事会议案与非控股股东的利益密切相关时,其派驻的董事更可能通过干预和积极发声的方式来维护非控股股东的利益诉求。最后,即便在"用手投票"的直接监督作用失效时,非控股大股东还可以通过释放出可置信的"退出威胁",作为与控股股东和管理层"讨价还价"的筹码,以此约束其出于逐利动机的非效率投资行为。这是因为,作为知情交易者,非控股大股东的异常退出行为通常被市场认为是对公司"坏信息"的释放,并引发"羊群效应"致使股价骤然下跌,进而对控股股东和管理层的利益造成严重影响(姜付秀 等,2015)。为了防止这种情况发生,控股股东和管理层会更愿意满足非控股大股东的要求,并促使公司的投资决策更符合"资本逐利动机"。廖静和刘星(2020)和余怒涛等(2021a)的研究均证实了非控股大股东凭借退出前的"震慑效应"能够有效提升公司投资效率。

3.1.3 针对非控股大股东对公司投资决策影响做出的假设

根据资本逐利动机,公司投资支出与投资机会匹配度的提升,除了要求公司及时缩减投资机会较差时的投资规模,还要求公司能够及时抓住好的投资机会，扩大投资规模，而其中一个重要前提是公司必须能够及时有效地获得投资所需的资金。已有研究表明，公司中非控股大股东的存在能够抑制坏消息隐匿行为（姜付秀 等，2018），提高盈余信息含量（姜付秀 等，2020），改善信息环境（罗宏 等，2020）；且非控股大股东退出威胁能够提高财务信息披露质量（窦一炜 等，2018）、提升信息透明度（王爱群 等，2021a）。信息透明度的提升能够大幅增强银行等债权人对公司的信心，有效减少融资摩擦，使得公司在面临好的投资机会时能够获得必要的资金从而有效地进行投资。诸多研究已证实，多个大股东公司中非控股大股东的存在有助于降低公司的债务融资成本（王运通 等，2017）、公司债信用利差（类承曜 等，2020），缓解公司融资约束问题（姜付秀 等，2017）。事实上，公司内部由于信息沟通不畅而贻误投资机会也是导致公司投资支出与投资机会背离的一个重要原因。非控股大股东有助于公司构建制度化的沟通渠道和参与平台（劳尔·巴罗佐·卡萨多 等，2016），且他们可能存在着特殊的身份或具备一定的投资经验或专长（余怒涛 等，2023）。因此，在非控股大股东共同参与公司投资决策制定和实施的过程中，掌握着一定话语权的他们不仅能够发挥建言献策的作用，为公司提供更多有关行业和公司未来前景的信息或解决问题的新视角，还可以降低决策失误风险，从而优化公司投资决策。综上所述，非控股大股东有利于公司做出科学合理的投资决策，提升公司投资支出对投资机会的敏感性。为此，本书提出以下假设：

假设3.1.1：非控股大股东有助于提升公司投资支出－投资机会敏感性。

近些年来，中国资本市场持续波动，控股股东股权质押爆仓事件频频发生，并引起了学术界的热烈讨论。控股股东股权质押是上市公司的控股股东将其所持的股份出质给有关金融机构并以此取得资金的一种融资方式。控股股东通过股权质押可融得所需资金,但该行为也蕴藏着控制权转移的风险。一旦质押的股票因价格下跌导致其市值低于质押合同约定的阈值,质权人有权要求质押者追加质押或将资产变现来补足保证金,否则处于质押状态的股权将被转手交易到第三方手中。尽管股权质押属于控股股东的个人融资行为,但作为实际控制人,控股股东对上市公司拥有绝对话语权,其个人行为不可避免地会对公司各项经营决策产生影响(柯艳蓉 等,2019)。已有诸多研究发现,为了避免因股价下跌带来的控制权转移风险,控股股东股权质押后可能会干预公司采取策略性信息披露(李常青 等,2017;钱爱民 等,2018)、选择性运用会计政策(谢德仁 等,2017)、盈余管理(谢德仁 等,2018)、回购股票(陈柯南 等,2018)以及减少创新投入(李常青 等,2018;庞蔡吉 等,2019)等手段进行"市值管理"。控股股东将其所持上市公司的股份进行质押后,质押股份的所有权并未发生实质改变,控股股东仍享有与原先同等的控制权。然而按照我国相关法律的规定,"质权人有权收取质物所生的孳息",故质押期间内相关股份的现金流权已发生转让,使得控股股东的两权分离度有所提高,因而会进一步强化其侵占非控股股东利益的动机(郝项超 等,2009;Ronald Anderson et al.,2020)。由此引出的一个重要问题是,控股股东在是否进行股权质押两种情境下,非控股大股东对公司投资决策的治理效应是否存在差异?本书认为,如果控股股东进行股权质押,那么非控股大股东对公司投资支出－投资机会敏感性的正向影响会更显著。

一方面,控股股东股权质押这一特殊行为无疑会引起非控股大股东的警觉,进而有意识地关注和监督控股股东的行为,尤其是私利攫取行为。理论上,控股股东股权质押会扭曲公司投资支出与投资机会之间的关系,理由具体如下:首先,股权质押下两权分离度的加大强化了控股股东的自利动机(郝

项超 等，2009；罗纳德·安德森 等，2020），促使其干预公司投资于可使其自身享受较高收益的项目或是挤占可用于价值型投资的资金。其次，为了降低控制权转移风险，控股股东在股权质押后往往会采取策略性信息披露行为来实现"市值管理"（李常青 等，2017；钱爱民 等，2018），而这无疑会进一步恶化公司内外部的信息不对称，进而加大融资约束或增加融资成本（唐玮 等，2019；翟胜宝 等，2020），导致良好投资机会出现时缺乏相应资金支持。最后，股权质押会影响控股股东的风险偏好（窦一炜 等，2019），促使其干预公司尽可能地减少或规避对高风险、长周期但具有正向价值项目的投资。而在经验证据上，已有不少研究证实了控股股东股权质押对公司投资决策的负面影响，如叶陈刚等（2020）研究发现，控股股东在股权质押后往往会忽视对投资项目可行性及效益的评估，进而加剧了非效率投资。李贤等（2020）发现，控股股东为了填补股权质押期间现金流权的流失，可能会干预公司投资于可使其自身获取同等甚至更高收益的项目，即便此项目不能带来经济效益，但最终会致使公司的过度投资水平显著提升。朱新蓉（2020）则发现，控股股东股权质押会加剧融资约束问题并弱化公司治理效应，进而会加剧投资不足。柯艳蓉和李玉敏（2019）提供的证据表明，控股股东股权质押既会恶化公司过度投资，同时又会加剧投资不足。由此可见，控股股东在股权质押后可能会进行诸多自利行为并导致公司投资决策偏离最优化水平，而这无益于公司价值最大化及非控股大股东自身利益的实现。在此情形下，为了避免自身财富损失，非控股大股东有强烈的动机对控股股东股权质押下的自利行为进行监督和约束，进而显著提升公司投资决策的合理性和科学性，在此情境下，非控股大股东的治理作用尤为重要。而反观在控股股东未股权质押的公司中，投资决策可能本来就更符合"资本逐利动机"，非控股大股东发挥治理效应的作用有限。

另一方面，控股股东股权质押后面临控制权转移风险，而这赋予了非控股大股东更多与之"讨价还价"的筹码，使得非控股大股东即便在直接监督失效的情形下也有足够的能力利用可置信的"退出威胁"维护自身利益诉求，并对控股股东股权质押后的自利行为产生监督和约束，进而提升公司投资决策的合理性和科学性。具有信息优势和专业能力的非控股大股东容易察觉与控股股东股权质押相关的私利攫取和策略性"市值管理"行为（姜付秀等，2020），且持股比例较高的他们对公司股票价格的影响较大。当"用手投票"的效力不佳时，非控股大股东还可以通过威胁控股股东"卖出所持股票并引起股价下跌"来约束控股股东的私利行为以及由此引发的非效率投资行为。这是因为，一旦作为知情交易者的非控股大股东真的退出，资本市场中的非知情交易者往往会对此异常行为做出负面解读，进而纷纷抛售公司股票，并引起股价大幅下跌，而这无疑会显著加大控股股东控制权转移的风险敞口。因此，在非控股大股东退出威胁的"事前震慑"下，控股股东出于风险规避的考虑会主动减少自利行为（李蒙 等，2021），不合理的投资行为也将有所收敛。综上所述，控股股东股权质押既会引起非控股大股东的特别关注，也会使得控股股东因控制权转移风险而更加忌惮非控股大股东的退出威胁，因而非控股大股东对公司投资决策的治理作用尤为凸显。为此，本章提出以下假设：

假设 3.1.2：如果控股股东进行股权质押，那么非控股大股东对公司投资支出－投资机会敏感性的正向影响越显著。

投资决策对未来预期收益的敏感性较高，因而不确定性环境下的投资行为一直以来都是经济金融领域研究的重点议题（Ben Bernanke，1983；Dani

Rodrik，1991；Nick Bloom et al.，2007；Christopher F. Baum et al.，2010）。在我国政府干预经济较强的特殊制度背景下，微观企业作为市场经济的一个重要构成性单元，是政府宏观调控经济政策的关键影响对象，这便决定了经济政策不确定性是企业不可避免的外部环境因素。经济政策的不确定性代表了市场中的经济主体难以准确地推断政府部门是否、何时以及如何调整现行的宏观经济政策（Huseyin Gulen et al.，2016），其对公司投资行为及其效率的影响成了当前学术界关注的热点议题（Yizhong Wang et al.，2014；陈国进 等，2016；饶品贵 等，2017）。那么，在经济政策的不确定性是高还是低这两种不同的情境下，非控股大股东对公司投资决策的治理作用是否有差异？本书认为，经济政策不确定性越高，非控股大股东对公司投资决策的正向影响越显著。

首先，较高的经济政策不确定性加大了公司准确评估投资项目优劣的难度，对投资机会的判断失误而贻误投资时机则会导致投资支出对投资机会的敏感性较低。陈富永（2021）的研究表明，经济政策不确定性导致的信息不确定性会使得公司无法及时把握投资机会。对于存在非控股大股东的公司而言，股权制衡下公司的重大投资项目往往需要经过各大股东集体决策和联签，加之非控股大股东大多是机构投资者，其获取和解读信息的能力较强且本身可能对于投资具有一定的经验（余怒涛 等，2023），因而可为公司投资项目的价值判断提供一定依据，促使公司及时抓住优质的投资机会。

其次，较高的经济政策不确定性加大了未来突发事件发生的概率，使得公司投资所需承担的风险上升，而推迟投资的等待价值则提升（Robert McDonald et al.，1986）。研究表明，公司出于预防性动机会选择放弃当前投资机会而保留更多的现金储备（王红建 等，2014）。此外，为了尽可能地避免投资失败，公司进行投资时会更倾向于采取谨慎型投资策略，减少投资规模（王义中 等，2014；李凤羽 等，2015；饶品贵 等，2017），包括削减对公司价值及长远发展至关重要的风险性投资项目（郝威亚 等，2016；亚琨 等，2018）。非控股大股东在能力、知识、判断以及风险承担等方面的比较优势有助于公司内部资源的整合，有利于提高公司应对外部风险的能力，从而降低公司放弃当前投资机会而使用现金持有策略来对冲不确定性风险的需求。此外，具有特别身份的非控股大股东还能利用自身拥有的特殊资源，为经济政策不确定性环境中的公司投资活动提供扶持和指导（钱爱民 等，2023），提升公司风险承担能力和投资意愿。

再次，较高的经济政策不确定性增加了公司内外部信息的不对称程度（Venky Nagar et al.，2019），此时银行等金融机构会采取紧缩型信贷政策以降低借贷风险（陈国忠，2021），外部权益投资者亦会要求公司提供更高的资金使用成本作为对其高风险的补偿（徐朝霞，2020），而这些都将削弱公司的外部融资能力、加剧公司的融资约束问题。即便公司投资机会具有正的净现值，也可能因遭受严重的融资约束而被迫放弃（Heitor Almeida et al.，2007）。非控股大股东能够降低公司内外部的信息不对称程度，既能向资本市场传递高质量投资项目的真实情况，又能增强债权人信心，使得公司能够以合理成本为投资项目筹集充足的资金。

最后，较高的经济政策不确定性给控股股东和管理层将投资失败归因于外部环境因素创造了条件，进而有动机以此看似合理的理由作为掩护通过实行非效率投资来攫取私有收益（杨志强 等，2018；谢伟峰 等，2020）。与此同时，经济政策不确定性也会增加非控股大股东对风险的感知，并对控股股东和管理层缺乏信心。出于对自身财富的维护，非控股大股东此时会格外关注和监督控股股东和管理层的投资行为是否存在自利动机，且其所具有的制衡和约束作用能够有效防范控股股东和管理层的自利行为，进而有效缓解由经济政策不确定性导致的投资支出与投资机会不匹配的问题。

由上述分析可知，较高的经济政策不确定性增加了公司对未来发展趋势判别的难度，使其难以及时把握投资机会或为规避风险而有意延缓投资，且由不确定性导致的融资约束问题也会使得公司缺乏资金来支持有利的投资机会，控股股东和管理层也更容易将出于自利动机的非效率投资行为归因于经济政策的不确定性，在此情境下，非控股大股东对公司投资决策的治理作用尤为凸显。而反观在经济政策不确定性较低时，公司投资决策可能本来就更符合"资本逐利动机"，非控股大股东发挥治理效应的作用相当有限，最终表现为经济政策不确定性越高，非控股大股东对公司投资支出－投资机会敏感性的正向影响越显著。为此，本书提出以下假设：

假设3.1.3：经济政策不确定性越高，非控股大股东对公司投资支出－投资机会敏感性的正向影响越显著。

3.2 非控股大股东对公司资本结构决策影响的理论分析

弗兰科·莫迪利安尼和默顿·米勒（1958）指出，完美市场条件下，公司价值与其资本结构无关。随后学者们从不同的视角放松MM理论的严格假定，提出了许多重要的理论，主要代表理论包括：引入破产风险的权衡理论（Alexander A. Robichek et al., 1967; 斯图尔特·迈尔斯, 1984; Alan Kraus et al., 1973; Mark E. Rubinstein, 1973; James H. Scott, 1976）、建立在信息不对称下的优序融资理论（斯图尔特·迈尔斯 等, 1984）以及基于代理成本视角的代理理论（Michael C. Jensen et al., 1976）等。目前最热门的则是资本结构动态调整理论，该理论指出，公司存在一个目标资本结构（即理论上的最优资本结构），当实际资本结构偏离该最优资本结构时，公司会以此为目标进行趋向调整（Edwin O. Fischer et al., 1989; Mark T. Leary et al., 2005; Mark J. Flannery et al., 2006）。由于现实中市场摩擦的存在，公司在资本结构优化的过程中存在调整成本（埃德温·菲舍尔 等，1989），公司是否以及在多大程度上调整资本结构则受制于调整成本与收益之间的比较和权衡（马克·利里 等，2005）。马克·弗兰纳里和卡斯图里·兰根（2006）发现，调整成本的存在使得公司无法迅速将其资本结构调整至最优，而是每年以一定的速度趋向目标资本结构进行局部调整。由此可见，制约公司向最优资本结构的调整速度的核心因素是调整成本（Ilya A. Strebulaev，2007），如何降低调整成本成为提高公司资本结构动态调整速度的关键路径。

调整成本主要源于由信息不对称和代理问题导致的交易成本，公司内部存在的代理成本与进行外部融资时承担的融资成本被视为构成调整成本的主要成分（Michael Faulkender et al., 2012；刘树海 等，2012）。埃尔万·莫雷莱克等（2012）的研究表明，与融资成本相比，代理成本减缓公司资本结构动态调整速度的效应明显更强。巴特·兰布雷希特和斯图尔特·迈尔斯（2008）认为，公司资本结构调整会受到管理层代理问题的影响，为了获取最大租金，管理层在进行资本结构决策时会偏离预先设定的最优资本结构而选择过度负债。胡里奥·平达多和查贝拉·德拉托（2011）认为，公司资本结构调整主要受控股股东代理问题的影响，控股股东出于利益侵占的目的会对公司资本结构进行调整而使其偏离公司价值最大化的方向。一方面，公司负债的增加可以使控股股东在不稀释控制权的前提下获取更多资金（休伯特·德拉布鲁斯莱里 等，2012），且其更容易进行利益侵占（刘启贵 等，2012），此时公司资本结构会偏离最优水平且不断向上调整。另一方面，负债作为一种治理手段能够有效制约控股股东的利益侵占行为，因而自利的控股股东往往会规避债务的使用（Ginés Hernández-Cánovas et al.，2016），此时公司资本结构会偏离最优值且不断向下调整。由此可见，控股股东和管理层出于一己私利会主动扭曲公司的资本结构调整行为，以致资本结构动态调整速度变得缓慢。此外，控股股东和管理层的败德行为一旦被揭露，也会导致公司的融资成本上升，融资能力受到抑制，趋向目标资本结构的调整过程也随之变得迟滞。

关于非控股大股东对公司资本结构动态调整速度的影响，本书认为，非控股大股东持有上市公司的股权份额较高，既有动机也有能力参与公司治理，在抑制双重代理成本的同时也有助于降低融资成本，从而加快公司资本结构向目标水平进行调整的速度。目标资本结构反映了风险与收益之间的最优匹配，亦是企业价值最大化的一种表现形式（马克·弗兰纳里 等，2006）。尽管公司实际资本结构难以与目标水平时刻保持一致，但以价值最大化为目标的公司不可能会使其资本结构长期偏离最优状态，而是会以尽可能快的速度消除二者之间的偏差（盛明泉 等，2016）。非控股大股东关心上市公司的长期发展价值（余怒涛 等，2023），且控股股东和管理层扭曲资本结构决策进行价值侵占的自利行为对其利益损害尤为严重，因而非控股大股东为了避免财富损失有强烈的动机对公司资本结构决策进行监督和约束，促使控股股东和管理层及时调整资本结构使之趋于目标水平。

除了有动机之外，非控股大股东也有足够的能力加快公司资本结构的动态调整速度。一方面，非控股大股东能有效发挥治理作用，缓解由代理成本导致的资本结构调整速度缓慢的问题。持股比例较高的非控股大股东有机会向公司委派董事或高管直接参与公司战略管理及经营决策，或是按照《公司法》的规定请求召集临时股东大会，以"用手投票"的方式制止控股股东和管理层扭曲资本结构决策进行价值侵占的自利行径。已有研究表明，非控股股东参会行权能有效制止控股股东和管理层的私利攫取行为（吴磊磊 等，2011；李姝 等，2018；符号亮 等，2020）；非控股股东派驻的董事也能对控股股东和管理层起到很好的牵制作用（祝继高 等，2015），其在董事会议案中的积极发声行为有助于降低代理成本、提高经营效率和公司价值（祝继高 等，2021）。即便在"用手投票"的直接监督作用失效时，非控股大股东还能通过释放出可置信的"退出威胁"，作为与控股股东和管理层"讨价还价"的筹码，以此约束其扭曲资本结构决策的自利行为。已有诸多研究表明，非控股大股东退出威胁能有效抑制管理层代理成本和（或）控股股东代理成本（姜付秀 等，2015；陈克兢 等，2019；陈克兢 等，2021；余怒涛 等，2023）。因此，在非控股大股东的监督和制约下，控股股东和管理层的自利动机将会有所收敛，在制定资本结构决策时也会充分顾及上市公司和非控股股东的利益，不会为资源转移或规避债权人监督而有意扭曲公司负债水平，促使公司资本结构及时向目标资本结构趋近。

另一方面，非控股大股东的治理作用还能够降低银行等债权人和权益投资者对公司风险的担忧，促使公司以合理的成本快速获取债务融资或股权融资，进而缓解由融资成本导致的资本结构调整速度缓慢的问题。研究表明，公司中非控股大股东的存在能够抑制坏消息隐匿行为（姜付秀 等，2018），提高盈余信息含量（姜付秀 等，2020）、改善公司信息环境（罗宏 等，2020）；且非控股大股东退出威胁能够提高财务信息披露质量（窦一炜 等，

2018）、提升信息透明度（王爱群 等，2021a）。公司的信息披露机制越完善、信息透明度越高，就越容易获得银行等债权人或外部投资者的青睐，并能够快速以合理的成本获得债务融资或股权融资。诸多研究已证实，多个大股东公司中非控股大股东的存在有助于优化债务融资的期限结构（哈姆迪·本-纳斯尔 等，2015），降低债务融资成本（王运通 等，2017）、债券信用利差（类承曜 等，2020）以及股权融资成本（纳贾·阿提格等，2008），并能够有效缓解公司面临的融资约束问题（姜付秀 等，2017）。因此，在非控股大股东的影响下，公司融资能力的提高、融资成本的降低，都有助于加快公司资本结构动态调整速度。此外，同样重要的是，非控股大股东的存在还能够构建制度化的沟通渠道和参与平台（劳尔·巴罗佐·卡萨多 等，2016），非控股大股东共同参与公司资本结构决策的制定和实施，可就资本结构决策问题进行深入的讨论和分析，提高内部人对资本结构的认知水平，进而及时有效地识别出目标资本结构以及实际资本结构的偏离方向和程度，并快速对此进行调整，使之趋于目标资本结构。综上所述，非控股大股东有助于提升公司资本结构动态调整速度。为此，本书提出以下假设：

假设 3.2.1：非控股大股东有助于加快公司资本结构动态调整速度。

根据权衡理论，公司存在着使其价值最大化的最优资本结构（也即目标资本结构），且其形成取决于债务收益与债务成本之间的权衡（亚历山大·罗比切克 等，1967；斯图尔特·迈尔斯，1984；艾伦·克劳斯 等，1973；马克·鲁宾斯坦，1973；詹姆斯·斯科特，1976）。具体而言，公司进行负债融资的好处在于可以利用债务的利息税盾效应获得节税收益，但负债融资比例上升致使公司陷入财务困境甚至是破产的概率也会加大，由此形成的风险和各种费用会增加公司的额外成本，故公司的最优资本结构应当是在负债融资带来的节税收益和财务困境成本之间选择最适点。由于现实中市场摩擦的存在，公司实际资本结构难免会偏离其目标水平，在实际资本结构低于和高于目标水平这两种不同的状态下，偏离方向截然相反，而相应的，理性的趋向调整方向也就完全相反。当实际资本结构高于目标水平（即向上偏离）时，公司陷入财务危机甚至破产的概率较大，增加债务融资带来的边际财务困境成本要远高于债务利息费用的边际节税收益，因而理性的决策应是及时向下调整资本结构，使之趋于目标资本结构。而反过来，当实际资本结构低于目标水平（即向下偏离）时，增加债务融资获得的边际节税收益高于边际财务困境成本，此时理性的决策应是及时向上调整资本结构，使之趋于目标资本结构。

行为金融理论认为，决策主体对等量成本和收益的效用感知通常是不对称的，面对等量的成本增加和收益减少，更多地表现为"损失厌恶"，即对承担潜在风险成本的感受程度要明显强于对获得等量可能收益的感受程度，因而规避潜在风险成本的动机要比趋向获得可能收益的动机更加强烈（Amos Tversky et al.，1991）。具体到公司资本结构决策方面，实际资本结构向下偏离目标水平将导致节税收益减少，而向上偏离将导致财务困境成本增加。在损失规避条件下，即便公司实际资本结构上下偏离程度完全相同，不同方向的偏离造成的效用损失也存在较大的差异，从而进行趋向调整的动机及迫切性也就有所不同，表现为向下调整要比向上调整更为敏感和及时，原因在于向上调整旨在获得潜在的节税收益，而向下调整则能尽可能地规避财务困境成本。诸多研究已证实，公司资本结构动态调整速度是非对称的，表现为向下调整速度要明显快于向上调整速度（黄继承 等，2014；盛明泉 等，2016），且公司的破产风险越大，资本结构动态调整速度的非对称性就越严重（王化成 等，2013）。

非控股大股东对潜在损失的敏感程度同样要比对减少等量收益的敏感程度更高，因此，本书认为，非控股大股东对公司资本结构动态调整速度的正向影响会因资本结构偏离方向不同而存在差异。非控股大股东持有上市公司的股权份额较高，其自身财富与公司负债融资的财务困境成本和节税收益密切相关，因而会有意识地关注公司资本结构偏离目标的方向。非控股大股东能够及时发现、识别公司的目标资本结构，并确定实际资本结构偏离目标水平的大致情况，在面对不同方向的资本结构偏离问题时，具有非对称效用感知的非控股大股东也就会产生不同的治理效应。具体而言，当公司实际资本结构高于目标水平（即向上偏离）时，损失规避动机诱使非控股大股东对过度负债融资导致的财务危机甚至破产风险产生极度厌恶的情绪，在此情境下，非控股大股东有强烈的动机且有足够的能力监督和约束控股股东和管理层出于私利侵占动机进行的过度负债融资行为，并促使公司及时向下调整资本结构，使之趋于目标资本结构。已有研究表明，多个大股东公司中非控股大股东的股权制衡作用能够显著抑制公司的过度负债行为（阿吉尼姆·博阿滕 等，2017），因而也就有助于加快资本结构向下调整的速度。而反之，当公司实际资本结构低于目标水平（即向下偏离）时，提高负债水平虽然可以带来节税收益，但也会增加破产风险和财务困境成本，在此情境下，非控股大股东对控股股东和管理层为了规避债务约束而不愿意进行过多负债融资的行为表现出更多的容忍，向上调整资本结构的动机及迫切性也就相对偏弱，因而对资本结构动态调整速度的治理效果也会明显减弱。

由上述分析可知，相同条件下，非控股大股东对公司实际资本结构向上偏离目标水平的财务困境成本的感知要明显强于向下偏离的节税收益的感知，表现为相比实际资本结构低于目标水平（即向下偏离），非控股大股东对实际资本结构高于目标水平（即向上偏离）更为敏感，更加无法容忍因公司债务融资水平过高可能给其自身财富带来的风险。由此不难推断，在公司实际资本结构偏离目标水平的不同方向上，非控股大股东对公司资本结构动态调整速度的提升作用可能会表现出非对称性，相比资本结构向下偏离后向上调整的速度，非控股大股东更有助于加快资本结构向上偏离后向下调整的速度。为此，本书提出以下假设：

假设3.2.2：相比资本结构向下偏离后向上调整的速度，非控股大股东更有助于加快资本结构向上偏离后向下调整的速度。

在我国特殊的经济体制和制度背景下，公司产权性质一直以来都是研究我国上市公司融资行为绕不开的重要话题（Loren Brandt et al., 2003；李凯 等，2009；钱彦敏 等，2009；盛明泉 等，2012；盛明泉 等，2016）。国有企业与非国有企业在经营目标、资源获取、行政管制和社会监督以及内部人激励和监督机制等方面存在着较大的差异（方军雄，2007；甘丽凝 等，2016）。结合二者之间的特征差异，本书认为，非控股大股东对公司资本结构动态调整的治理作用理应会因公司产权性质的不同而有所差异，具体而言，与非国有企业相比，国有企业的非控股大股东对资本结构动态调整速度的提升作用更加显著。

首先，不同于非国有企业，国有企业固有的预算软约束使其陷入财务危机的可能性较小，因而非控股大股东对国有企业资本结构决策的关注不高。国有企业除了承担着国有资产保值、增值这一财务目标以外，还承载着更多的为实现社会利益最大化的非财务目标，包括保障就业岗位、拉动区域经济增长以及维护社会稳定等社会责任目标（林毅夫 等，1998；白重恩 等，2006）。正因为国有企业承担了大量的国家政策导向性任务，使得政府有动机也有责任在其出现亏损时通过增加贷款、降低税收负担以及提供财政补贴等方式及时实施救助，换而言之，国有企业具有明显的预算软约束。已有研究发现，预算软约束致使国有企业提高资本结构决策效率的动力明显削弱，最终使得公司的实际资本结构向其目标水平调整的速度变得缓慢（盛明泉 等，2012）。相比之下，非国有企业陷入财务危机的可能性较大，损失规避动机使得非控股大股东干预公司加速资本结构动态调整速度的动机较强。

其次，与非国有企业相比，国有企业更易通过多种融资方式获得资金支持，财务困境成本较低，因而非控股大股东也不会过于关注国有企业的资本结构决策。国有企业与政府之间的"亲密关系"为其融资创造了优越的内外部环境和条件，一方面，我国政府对信贷资源配置起着决定性作用，因而更倾向于将更多的信贷资金提供给与之密切相关的国有企业（李凯 等，2009）。另一方面，国有企业有强大的"政府背景"作为后盾，在陷入债务危机时有国家或地方政府为其兜底，违约风险较低，因而银行等金融机构更愿意给国有企业发放信贷资金（方军雄，2007）。而相比之下，非国有企业在进行信贷融资时遭受了较为严重的"歧视"，会面临更严苛的信用审查，即便最终能够获得银行贷款，额度也有限且融资成本不低（洛伦·布兰特 等，2003；李广子 等，2009）。事实上，除了债务融资约束较强之外，非国有企业面临的股权融资约束强度同样也较大（祝继高 等，2012）。对于不具备融资优势的非国有企业而言，一旦面临财务危机，企业破产清算的风险较大，承受的财务困境成本也较高，在此情境下，非控股大股东更有动机促使非国有企业及时调整资本结构至目标水平。此外，前文分析表明，非控股大股东的治理作用有助于提升企业的融资能力、降低融资成本，对融资约束和资本成本均较高的非国有企业而言，其对非控股大股东治理下资本成本的变化更为敏感，因而非国有企业中非控股大股东对资本结构动态调整速度的治理作用更为明显。

再次，不同于非国有企业，国有企业面临着更严格的行政监督及社会监督，因而非控股大股东所能发挥的治理作用有限。国有企业特有的政治色彩使其行为决策不可避免地受到政府干预的影响，且国有企业多半涉及关系国民经济和社会发展的关键领域，自然也会受社会大众的密切关注。面临严格的外部监督，国有企业的内部人无法直接侵占或掠夺外部投资者的收益（罗宏 等，2020）。而相比之下，非国有企业较少受到政府干预的影响，且第二类代理冲突更为严重，控股股东更易通过"隧道"行为来攫取私人收益（姜国华 等，2010），故非控股大股东面临被控股股东侵占利益的风险更大。在此情形下，非控股大股东为了避免财富损失，其会有强烈的动机对控股股东和管理层的自利行为进行监督和约束，因而会显著加快公司资本结构动态调整速度。

最后，不同于非国有企业，国有企业的管理层激励和监督机制不符合市场化特点，因而非控股大股东采取"用手投票"或"用嘴威胁"等方式对管理层机会主义行为的监督和约束作用相当有限。国有企业的经营者大多由上级委派或调任等行政任命方式而定（白重恩 等，2006），政府部门对其进行绩效考评时除了关注盈利数额之外，还会特别关注其社会责任目标的实现，导致国有企业的管理层在战略管理及经营决策过程中更加重视对国家政策措施的贯彻落实，在职业生涯中也尤为关注晋升激励而非薪酬激励（陈冬华 等，2005）。由此可见，在国有企业中，非控股大股东难以通过"用手投票"的方式干预管理层的任命和罢免，且其试图通过"退出威胁"影响股价，以达到约束管理层自利行为的目的难以实现。而相比之下，非国有企业的经营者大多通过市场化选聘途径产生，更易受到市场的影响和支配，其自身也更加在意非国有企业的绩效水平和未来股价走势。在此情境下，非控股大股东能够有效促使非国有企业的管理层以企业价值最大化为目标及时调整资本结构至最佳水平。基于上述分析，以此推断，在国有企业中，非控股大股东对资本结构动态调整速度的提升作用被削弱，而在非国有企业中可能体现得更加明显。为此，本书提出以下假设：

假设3.2.3：国有企业身份会削弱非控股大股东对资本结构动态调整速度的正向影响。

3.3 非控股大股东对公司投融资期限错配影响的理论分析

期限匹配理论指出，公司债务和资产的期限应当相匹配，以减少因资产产生的现金流不足，以满足投资所需和支付利息而引发的风险（James R. Morris，1976）。但现实中的公司往往存在着投资项目与配套融资方案在期限结构上"错配"的现象，其中尤其以依赖短期贷款的不断续借来支持公司长期投资活动的短贷长投现象最为常见。究其原因，部分学者认为，作为资金需求方，抗风险能力较强的高质量公司有动机主动选择资金成本相对较低的短期债务融资，以此向利益相关者释放出优质企业的积极信号（马克·弗兰纳里，1986；Vidhan K. Goya et al.，2013）。马蒂亚斯·卡尔等（2015）利用美国公司数据证实了短贷长投的投融资策略是公司为降低融资成本的自主决策结果。但有学者认为，作为资金供给方，银行等金融机构为了管控信贷风险、应对信贷考核压力、加强资金流动性、规避由公司内外信息不对称导致的逆向选择与道德风险行为等，更倾向于提供短期信贷资金（Cláudia Custódio et al.，2013），因此，选择相对容易取得的短期贷款支持长期投资便成了公司不得已的选择。尤其在我国，金融市场结构不完善、货币政策非适度或不稳定、利率期限结构不合理等制度性缺陷致使投融资期限错配行为成为公司融资需求得不到充分满足的被迫选择，而非出于节约融资成本的主动举措（白云霞，2016；钟凯等，2016；马红等，2018；王红建等，2018；沈红波等，2019）。不仅如此，基于中国资本市场的研究还表明，人为诱因也是加剧公司投融资期限错配的重要原因。孙凤娥（2019）研究发现，管理层的非理性行为（包括过度自信和羊群行为）会引发盲目投资和从众投资，并且使得债务期限结构偏短和资本结构趋同，最终加剧公司的投融资期限错配。丁龙飞等（2020）基于代理人自利动机这一视角，发现子公司自主权越高（也即母公司管控和监督越弱），管理者的代理问题越严重，出于逐利动机造成的投融资期限错配问题也就越严重。赖黎等（2019）发现，作为一种风险转移工具，董责险的"兜底"作用会诱发决策者做出更冒险的决策行为，进而加剧公司投融资期限错配的程度。钟凯等（2018）发现，家族控制人所持控制权比例越高，公司投融资期限错配越严重，而这主要由控股股东较强的私利动机以及银行尽可能控制代理风险所致。高友才和刘孟晖（2012）考察终极控股股东股权特征对公司投融资策略的影响，发现过于集中或分散的控制人股权特征都会引发投融资错配，适当的所有权与控制权集中才有助于公司投融资策略达到合理匹配。

关于非控股大股东对公司投融资期限错配的影响，本书认为，非控股大股东持有上市公司的股权份额较高，既有强烈的动机也有足够的能力参与公司治理，在约束控股股东和管理层的非理性或自利行为的同时也有助于降低公司内外部信息不对称性、缓解融资约束，进而抑制公司投融资期限错配。理论与经验证据均表明，以短期债务为主导的融资期限结构易诱发流动性风险（Douglas W. Diamond，1991；Viral V. Acharya et al.，2011），加之长期投资的资金回笼期较长，无法及时为公司带来充足的现金流，因而投融资期限错配会放大到期债务的偿还压力，使公司陷入"借新还旧""借新还息""资产负债恶化"的财务困境（钟凯 等，2016）。一旦遭受意外冲击，某项债务偿还所引发的资金周转困难可能"牵一发而动全身"，甚至会使公司面临因资金链断裂而破产的危机（Radhakrishnan Gopalan et al.，2014；钟凯 等，2019）。无论投融资期限错配是控股股东和管理层出于非理性或自利动机的主动选择，还是公司应对外部融资约束的被动决策，都将引发公司风险增加和股价下跌，严重制约公司的可持续发展。对于持股比例较高且关注公司长期发展价值的非控股大股东来说（余怒涛 等，2023），公司投融资期限错配这样一种高风险的行为无疑会对其自身财富造成不利影响，因而非控股大股东有强烈的动机对此不当的投融资安排进行监督和约束。

除了有动机之外，非控股大股东也有足够的能力抑制公司的投融资期限错配。一方面，非控股大股东能够有效发挥治理作用，约束控股股东和管理层出于非理性或自利动机的投融资期限错配行为。非控股大股东具有一定的信息优势和专业能力，因而很容易识别控股股东和管理层的投融资策略选择是否得当。持股份额较高的非控股大股东在公司治理方面掌握了一定的话语权，往往可以通过委派董事或高管直接参与公司战略管理及经营决策，或按照《公司法》的规定请求召集临时股东大会，以"用手投票"的方式抑制控股股东和管理层做出过于主观或是出于自利动机的投融资期限错配行为。已有研究表明，非控股股东在股东大会中积极行权能够有效制止控股股东和管理层的不当行为（吴磊磊 等，2011；李姝 等，2018），并降低公司的过度风险承担水平（符号亮 等，2020）；非控股股东派驻的董事在董事会议案中的积极发声行为也能对控股股东和管理层起到一定的制衡作用（祝继高 等，2015；祝继高 等，2021），并降低公司发生严重过度投资的可能性（胡诗阳 等，2015）。即便在"用手投票"的直接监督作用失效的情况下，非控股大股东还可以通过释放出可置信的"退出威胁"，作为与控股股东和管理层"讨价还价"的筹码，以此约束其做出非理性或自利的投融资期限错配行为。已有诸多研究表明，非控股大股东退出威胁能够约束控股股东和管理层的不当行为（陈克兢，2018；胡建雄 等，2019；阳春花 等，2020；李蒙 等，2021）。因此，非控股大股东的存在及其积极作为对控股股东和管理层构成了威胁，在此情形下，控股股东和管理者会再三考量其决策的合理性，并尽量满足非控股大股东的需求，从而主动减少投融资期限错配行为。另一方面，非控股大股东还有助于降低公司内外部信息的不对称性，并缓解融资约束问题，使得公司获得与投资相匹配的债务融资，从而降低投融资期限错配。在我国金融市场中，金融抑制程度高、融资渠道不畅且融资工具相对单一，银行是金融资源的主要供给方，并长期占据着主导地位。由于信息不对称的存在，银行更倾向于对外提供短期信贷资金以控制风险（克劳迪娅·库斯托迪奥 等，2013）。而公司在信贷契约谈判中大多处于劣势地位，难以取得长期信贷资金（方军雄，2007），不得不依赖于短期贷款的滚动续借来进行长期投资，造成投融资期限错配现象（钟凯 等，2016）。已有研究表明，公司中非控股大股东的存在能够抑制坏消息隐匿行为（姜付秀 等，2018），提高盈余信息含量（姜付秀 等，2020）、改善信息环境（罗宏 等，2020）；且非控股大股东通过退出威胁能够提高公司的财务信息披露质量（窦一炜 等，2018）、提升信息透明度（王爱群 等，2021a）。由此可见，非控股大股东能够降低银企之间的信息不对称程度，既有助于公司利好信息的有效传递，也便于银行等债权人跟踪公司的经营状况,由此可缓解银行面临的信息风险并增强其收益保证,继而有利于双方建立稳定的长期信贷契约。现有研究已证实,非控股大股东有助于优化债务融资的期限结构(哈姆迪·本-纳斯尔 等,2015)、降低债务融资成本(王运通 等,2017),并能够有效缓解公司面临的融资约束问题(姜付秀 等,2017)。在银行满足了公司对长短期资金的需求之后,公司无须再依赖于短期贷款的滚动续借来维持其长期投资活动,进而降低公司的投融资期限错配程度。综上所述,非控股大股东有助于降低公司的投融资期限错配。为此,本书提出以下假设:

假设3.3.1:非控股大股东有助于降低公司投融资期限错配的程度。

我国以银行为主导的金融体系决定了公司所能获取的银行贷款是其满足投资项目所需资金的重要来源。由于借贷双方之间存在信息不对称,处于信息劣势的银行债权人为了防范和控制信贷风险会对借款公司进行信用等级评价,其中资产可抵押性是最为主要的参考指标之一。资产抵押被广泛地应用于银行贷款合同中,并在公司获取银行贷款的过程中扮演着重要角色,这是因为:第一,可抵押性资产具备信号传递功能(J.-P. Niinimäki,2011),一定程度上能够向外界传递出公司良好的经营效益及财务状况,并释放出高质量公司还款能力强的有利信号。因此,资产可抵押性有助于银行债权人对借款公司的事前筛选,银行可根据抵押资产的价值来甄别公司的质量和还款能力。第二,可抵押性资产具备担保功能(Lars Norden et al.,2013),可抵押资产大多为固定资产、存货之类具备变现能力的资产,即使公司出现债务违约或面临破产,银行也有权获得或处置抵押资产以弥补利益损失。由此可见,抵押资产的实质是一种事后保障机制(Allen N. Berger et al.,2011),能够有效缓解信贷契约不完全性带来的有限执行力,降低公司利用信息不对称的优势实施机会主义行为的概率，从而对银行债权人的资金安全起到保障作用。正因为可抵押性资产的上述特性，银行更青睐于将资金贷给资产可抵押性较高的公司，而对资产可抵押性较低的公司则"惜贷"。那么，非控股大股东对公司投融资期限错配的治理效应是否会受到资产可抵押性的影响呢？本书认为，资产可抵押性会削弱非控股大股东对公司投融资期限错配的抑制作用。

一方面，公司的资产可抵押性越高，越容易获取与投资相匹配的债务融资，此时公司投融资期限错配的程度可能并不严重，因而非控股大股东发挥治理效应的程度相当有限。作为一种增信措施和还款保证机制，可抵押资产是公司获取债务融资的关键决定因素。大量文献表明，较高的资产可抵押性有助于降低借贷双方之间的信息不对称、减轻公司融资过程中可能出现的逆向选择和道德风险问题（艾伦·伯杰 等，2011），进而有利于减少融资摩擦，提升公司获得债务融资的机会与能力、缓解公司面临的融资约束程度（Adriano A. Rampini et al.，2013；艾健明 等，2017）。埃弗拉伊姆·本米勒奇和尼泰·伯格曼（2009）发现，更多的可抵押资产使得公司获得更低的信用利差、更高的信用评级和更高的贷款价值比，这表明资产可抵押性可以提升公司的融资能力并且降低其融资成本。此外，亦有研究表明，资产可抵押性是影响公司能否获得必要资金进行有效投资的关键因素之一。如托马斯·钱尼等（Thomas Chaney et al.，2012）和曾海舰（2012）发现，可抵押资产的市场价值增加能显著提升公司的信贷融资能力和投资水平。李青原和王红建（2013）也同样考察了资产可抵押性对公司投融资行为的影响，发现资产可抵押性能够增加公司获得银行信贷的机会，且以资产抵押方式取得的信贷资金能够弥补公司内部现金流的不足，继而有利于公司充分利用良好的投资机会。由此可见，公司的资产可抵押性越高，意味着其融资资质越好，银行债权人也更易满足其对不同期限资金的需求，因而公司无须依赖短期贷款的续借来维持其长期投资活动，在公司投融资期限错配程度本就不严重的情况下，非控股大股东所能发挥的抑制作用也就相当有限。

另一方面，公司的资产可抵押性越高，越能够对投融资期限错配行为带来的不利影响加以控制，因而非控股大股东抑制公司投融资期限错配行为的动机会明显减弱。公司投融资期限错配迫使其需要从外部获得持续融资支持，资产可抵押性较低的公司难以满足这一要求，而资产可抵押性较高的公司才有能力在有效防范和控制财务风险的情况下通过不断续借短期信贷资金来支持其长期投资活动。故对于资产可抵押性较高的公司而言，投融资期限错配行为使其遭遇流动性危机和财务困境的可能性较低，即便当公司面临需要立即偿还到期短期负债但却又缺乏现金的困境时，较强的资产可抵押性也有助于公司通过增加银行信贷资金进行偿付。基于外部审计的视角，罗宏等（2018）发现公司的资产可抵押性能够降低由投融资期限错配行为导致的审计风险，因而财务会计报告被出具非标审计意见的可能性也就随之减小，这揭示了资产可抵押性有助于弱化投融资期限错配的经济恶果。较高的资产可抵押性实际上也向非控股大股东传递了公司偿付能力较强的信号，不同于资产可抵押性较低的公司，资产可抵押性较高的公司出现投融资期限错配时，非控股大股东会将公司的资产可抵押性作为投融资期限错配行为的附加信息进行评估，进而对公司投融资期限错配的潜在风险相对调低，非控股大股东的治理动机也就明显减弱。综上所述，资产可抵押性对非控股大股东与公司投融资期限错配之间的关系具有一定的调节作用，使得非控股大股东对投融资期限错配的抑制作用受到了削弱。为此，本书提出以下假设：

假设3.3.2：资产可抵押性会削弱非控股大股东对公司投融资期限错配的

负向影响。

自沪深交易所成立以来，中国资本市场经历了从无到有、从小到大、从弱到强的发展过程，在此期间股票市场的流动性明显上升。随着我国股权分置改革的顺利完成与限售非流通股的大规模解禁，股票市场的活力得到了进一步激发，目前已进入"全流通时代"。研究表明，股票流动性的提升使得外部投资者进入上市公司并成为有影响力的大股东的可能性加大，这是因为，股票流动性的增加往往伴随着巨大的交易量，外部投资者买卖股票对价格产生的影响较小（A. Kyle et al., 1991），这一买入信息在噪声交易中会被掩盖，使得外部投资者能够在最合适的价位或更有利的条件从市场中购入上市公司的大量股票份额而不被在位大股东或控股股东所察觉（Ernst Maug, 1998）。现实情况也确实如此，随着我国股票市场的流动性增强，上市公司的股权结构状况发生了较大变化，从整体上来看，控股股东的平均持股比例明显下降，而存在非控股大股东的上市公司数量明显增加。鉴于上市公司中非控股大股东的形成及其持股规模与股票流动性密切相关，本书欲进一步考察公司股票流动性对非控股大股东与投融资期限错配之间关系的调节作用。本书认为，股票流动性会增强非控股大股东对公司投融资期限错配的抑制作用。

一方面，较高的股票流动性有助于完善股东监督机制和退出机制，使得非控股大股东更能有效地抑制公司的投融资期限错配行为。韦德·诺里等（2015）指出，股票流动性的提升为股东积极主义创造了有利条件，能有效避免股东的"搭便车"行为，提高大股东积极参与公司治理的意愿和可能性。股票流动性的高低决定了非控股大股东进入和退出公司的难易程度。股票流动性越高，非控股大股东从市场中购入额外股票所需花费的交易成本就越低。持股比例的增加使其在股东大会中享有更多的投票权与表决权，会强化其以

"用手投票"方式约束控股股东和管理层不当行为的能力。同样地，在退出机制方面，较高的股票流动性也降低了非控股大股东退出公司的成本。当股票流动性较低时，持有上市公司股权份额较高的非控股大股东难以在合适的价位及时抛售股票，较高的股票流动性则能使非控股大股东以最小成本、最小价格影响和最快速度完成股票交易，最终实现低成本快速退出上市公司。诸多研究已表明，股票流动性的提升有助于强化大股东的退出威胁机制并改善公司治理效率（Alex Edmans et al., 2011；亚历克斯·埃德曼斯 等，2013；Sreedhar T. Bharath et al., 2013）。因此，较强的股票流动性使得非控股大股东可以通过策略性退出行为（即"退出威胁"）向控股股东和管理层施加压力，促使公司决策更符合价值最大化目标，进而抑制公司投融资期限错配。

另一方面，股票流动性也会影响私有信息的质量和价值以及非控股大股东的信息搜集决策，使得非控股大股东更能有效地抑制公司的投融资期限错配行为。本特·赫尔墨斯和让·梯若尔（1993）构建的理论模型表明，股票流动性的提高一方面使得知情交易者买卖股票对股价的影响减小，进而加大利用私有信息获利的概率，另一方面还有助于降低信息获取的交易成本，使得私有信息的边际价值明显高于边际成本，此时知情交易者有更大的动力搜集、整理并加工公司层面的私有特质信息。亚历克斯·埃德曼斯（2009）考察大股东在无法直接干预公司运营的情况下如何借助股票流动性发挥治理作用，研究发现较强的股票流动性提高了大股东在负面信息情况下及时出售所持股份的可能性，并促使股价更多地反映公司基本面信息，而这反过来又会促使管理层为长期增长而非短期利润进行投资。苏冬蔚和熊家财（2013）也发现，股票流动性的提高有助于引导资本市场投资者深入探究公司的特质信息。非控股大股东作为知情交易者，在股票流动性较高的情况下也会积极地搜集上市公司的特质信息，并对控股股东和管理层的行为进行密切监督，而这一过程会明显提高非控股大股东干预公司治理的决策准确性。因此，股票流动性的提高使得非控股大股东参与公司治理的效率更高，也就进一步降低了公司投融资期限错配的程度。综上所述，股票流动性对非控股大股东与公司投融资期限错配之间的关系具有一定的调节作用，使得非控股大股东对投融资期限错配的抑制作用进一步增强。为此，本书提出以下假设：

假设3.3.3：股票流动性会增强非控股大股东对公司投融资期限错配的负向影响。

第4章 非控股大股东对公司投资决策影响的实证分析

4.1 样本选择与数据来源

本书选取2004—2019年我国沪深A股上市公司作为初始研究样本，并借鉴与本章节主题相关的研究经验，执行以下筛选程序：首先，剔除金融保险类上市公司；其次，剔除被冠名ST、*ST、PT及退市等特别处理的公司；再次，在对一致行动人的持股进行汇总之后，剔除第一大股东持股比例小于5%的样本；最后，剔除关键数据缺失的观察值。最终取得有效观测值29 965个。

本章节的行业分类依据中国证监会的《上市公司行业分类指引》（2012年修订）严格执行，除了制造业"C"字头代码取前2位以外，其他行业取第1位代码分类。此外，本书在数据分析时做出了如下处理：为了缓和离群值造成的偏误，对所有的连续变量进行双向1%缩尾处理；为了缓解异方差对回归系数标准误的影响，所有回归结果均在公司层面进行了聚类处理。

4.2 计量模型与变量定义

为了研究非控股大股东对公司投资决策的影响，本章节沿袭投资理论中的托宾Q理论，并借鉴国内已有相关研究对史蒂文·法扎里等（1988）模型的拓展（陈世敏等，2011；陈信元 等，2014；金宇超 等，2016；刘海明 等2017），构建了如下计量模型：

$$invest_{i,t}=\alpha_0+\alpha_1 TobinQ_{i,t-1}+\alpha_2 ncls_{i,t-1}+\alpha_3 TobinQ_{i,t-1}\times ncls_{p\,t-1}+\alpha_4 size_{i,t-1}+\alpha_5 lev_{i,t-1}$$
$$+\alpha_6 cash_{i,t-1}+\alpha_7 cfo_{i,t-1}+\alpha_8 stdret_{i,t-1}+\alpha_9 age_{i,t-1}+\alpha_{10} soe_{i,t-1}+\alpha_{11} first_{i,t-1}$$
$$+\sum industry+\sum year+\varepsilon_{i,t} \qquad (4-1)$$

其中，被解释变量$invest_{i,t}$表示公司i在第t年的投资支出，参照加里·比德尔和吉尔斯·希拉里（2006）、加里·比德尔等（2009）、靳庆鲁等（2015）以及彭牧泽和靳庆鲁（2023）等研究，本章节采用现金流量表项目调整法计算公司投资支出，公式为：invest=（购建固定资产、无形资产和其他长期资产支付的现金−处置固定资产、无形资产和其他长期资产收回的现金净额）/（期初固定资产净额+期初无形资产净额）；$TobinQ_{i,t-1}$表示公司i在第$t-1$年的托宾Q值，衡量公司所面临的投资机会（陈信元 等，2014；金宇超 等，2016；刘海明 等，2017），公式为：TobinQ=（股票年末总市值+负债年末账面价值）/期末总资产；$ncls_{i,t-1}$表示公司i在第$t-1$年的非控股大股东，本章节同时采用是否存在非控股大股东（dum）、非控股大股东的数量（num）以及非控股大股东持股比例之和（ratio）这三个指标来刻画非控股大股东特征。其余变量为可能对公司投资决策产生影响的公司治理以及财务状况等特征变量，具体定义及测度详见表4-1；$\sum industry$和$\sum year$分别代表行业和年度固定效应；$\varepsilon_{i,t}$代表随机扰动项。本章节重点关注模型（4-1）中投资机会

（TobinQ$_{i,t-1}$）的系数a_1以及投资机会与非控股大股东的交互项（TobinQ$_{i,t-1}$ × ncls$_{i,t-1}$）的系数a_3，其中系数a_1反映的是公司投资支出-投资机会敏感性，而系数a_3则反映的是非控股大股东对公司投资支出-投资机会敏感性的影响，若假设3.1.1成立，那么在系数a_1显著为正的同时，系数a_3也应该显著为正。

表4-1 变量定义与测度

变量名称	变量	变量测度
公司投资支出	invest	（购建固定资产、无形资产和其他长期资产支付的现金 - 处置固定资产、无形资产和其他长期资产收回的现金净额）/（期初固定资产净额 + 期初无形资产净额）
投资机会	TobinQ	（股票年末总市值 + 负债年末账面价值）/期末总资产
非控股大股东	dum	若公司中存在非控股大股东，取值为1，否则为0
	num	公司中非控股大股东的数量
	ratio	公司中非控股大股东持股比例之和
公司规模	size	总资产的自然对数
资产负债率	lev	总负债/总资产
现金持有量	cash	现金及现金等价物/总资产
经营性现金流	cfo	经营活动产生的现金流量净额/总资产
股票波动率	stdret	月个股收益率的标准差，要求公司当年存在不少于6个月的收益观测数值
上市年龄	age	截至当期的上市年限
产权性质	soe	国有企业取值为1，否则为0
控股股东持股	first	控股股东持股比例，当存在一致行动人时，将一致行动人持股比例合并计算

4.3 实证结果分析

4.3.1 描述性统计

为了更清晰地展示本章节样本公司中非控股大股东的分布特征及变化趋势，本章节对样本中非控股大股东的数量进行了分年度描述性统计。由表4-2中的结果可以看出，样本公司中普遍存在非控股大股东，如2018年有55.66%的公司存在非控股大股东，其中有33.69%的公司存在1个非控股大股东，有15.86%的公司存在2个非控股大股东，且有6.11%的公司存在至少3个非控股大股东。从总体上来看，2003—2018年样本中存在非控股大股东的公司数量呈现出较为明显的上升趋势，从2003年的580家增加至2018年的1 829家。

表 4-2 样本中非控股大股东数量分布特征的分年度描述[①]

时间	观测值	数量/个				占比/%			
		0	1	2	≥3	0	1	2	≥3
2003年	1 072	492	326	172	82	45.90	30.41	16.04	7.65
2004年	1 143	501	369	178	95	43.83	32.28	15.57	8.32
2005年	1 177	505	391	190	91	42.91	33.22	16.14	7.73
2006年	1 145	553	379	152	61	48.30	33.10	13.28	5.32
2007年	1 197	607	405	131	54	50.71	33.83	10.94	4.52
2008年	1 343	685	441	161	56	51.01	32.84	11.99	4.16
2009年	1 376	768	427	138	43	55.81	31.03	10.03	3.13
2010年	1 627	890	493	170	74	54.70	30.30	10.45	4.55

---

① 此表中数据来自国泰安（CSMAR）数据库或经过计算整理而得，本章其他表格中使用的上市公司股东信息、股权信息、财务数据、股票交易数据均来源于此。

续表

时间	观测值	数量/个				占比/%			
		0	1	2	≥3	0	1	2	≥3
2011年	1 958	1 031	623	214	90	52.66	31.82	10.93	4.59
2012年	2 184	1 143	697	255	89	52.34	31.91	11.68	4.07
2013年	2 244	1 215	711	239	79	54.14	31.68	10.65	3.53
2014年	2 250	1 246	700	228	76	55.38	31.11	10.13	3.38
2015年	2 451	1 229	810	291	121	50.14	33.05	11.87	4.94
2016年	2 581	1 281	851	322	127	49.63	32.97	12.48	4.92
2017年	2 931	1 347	966	442	176	45.96	32.96	15.08	6.00
2018年	3 286	1 457	1 107	521	201	44.34	33.69	15.86	6.11

表4-3提供的变量描述性统计结果显示，公司投资支出（invest）的均值为0.293，即样本公司年均新增投资（以期初"固定资产和无形资产"进行标准化）为29.3%，与靳庆鲁等（2015）的结果基本一致。invest的中位数为0.159，最大值与最小值分别为3.044与-0.181，这表明不同上市公司之间的投资支出具有明显的差异。公司投资机会（TobinQ）的均值为2.433，中位数为1.876，这表明样本中有较大一部分公司的增长水平要低于平均水平。TobinQ的最大值高达10.200，而其最小值仅为0.875，这表明不同上市公司之间的投资机会也具有明显的差异。关于本章节的核心解释变量，是否存在非控股大股东（dum）与非控股大股东持股比例之和（ratio）的均值分别为0.501、0.086，这表明样本中大约有50.1%的上市公司存在（至少1个）非控股大股东；由于其持股比例之和的均值仅有8.6%，这意味着样本公司中虽然普遍存在着非控股大股东，但持股份额不高，这也揭示了我国资本市场"一股独大"现象较为突出。非控股大股东的数量（num）的最大值为8.000，可见个别上市公司中存在的非控股大股东数量较多，且从整体上来看，非控股

大股东的分布情况在不同上市公司之间也存在着较为明显的差异。此外，控制变量取值均在合理范围内，且与已有研究的结果基本一致，在此不再赘述。

表4-3 变量描述性统计

变量	观察值	均值	中位数	标准差	最小值	最大值
invest	29 965	0.293	0.159	0.448	−0.181	3.044
TobinQ	29 965	2.433	1.876	1.690	0.875	10.200
dum	29 965	0.501	1.000	0.500	0.000	1.000
num	29 965	0.744	1.000	0.921	0.000	8.000
ratio	29 965	0.086	0.050	0.112	0.000	0.808
size	29 965	21.940	21.760	1.248	19.540	25.790
lev	29 965	0.444	0.446	0.204	0.053	0.890
cash	29 965	0.163	0.127	0.129	0.004	0.655
cfo	29 965	0.044	0.044	0.074	−0.187	0.248
stdret	29 965	0.132	0.118	0.063	0.044	0.385
age	29 965	9.978	9.000	6.385	1.000	29.000
soe	29 965	0.461	0.000	0.499	0.000	1.000
first	29 965	0.380	0.363	0.156	0.050	0.900

4.3.2 面板单位根检验

在利用面板数据进行回归估计之前，应确保数据的平稳性，以排除模型潜在的"伪回归"问题。为此，本章节对上述变量进行面板单位根检验，采用的是针对非平衡面板数据的Fisher检验方法，包括ADF-Fisher检验（augmented dickey-fuller test）和PP-Fisher检验（phillips-perron test），结果具体见表4-4。结果显示，各变量单位根检验的所有统计量结果均拒绝了"序列存在单位根"的原假设，这表明所有变量均通过了平稳性检验，回归分析不存在"伪回归"问题。

表4-4 面板单位根检验

变量	ADF-Fisher 检验				PP-Fisher 检验			
	P	Z	L^*	P_m	P	Z	L^*	P_m
invest	5 541***	−55.14***	−65.13***	96.25***	4 471***	−37.44***	−49.27***	73.18***
TobinQ	4 739***	−50.91***	−55.95***	78.96***	2 762***	−28.08***	−29.57***	36.35***
dum	3 015***	−32.24***	−34.04***	41.79***	1 458***	−1.81**	−5.57***	8.24***
num	3 246***	−35.28***	−36.93***	46.77***	1 529***	−4.07***	−7.08***	9.77***
ratio	3 171***	−34.09***	−35.76***	45.16***	1 494***	−2.64***	−5.63***	9.01***
size	2 785***	−28.49***	−29.63***	36.85***	2 763***	−3.14***	−12.14***	36.37***
lev	3 351***	−36.24***	−38.08***	49.03***	1 613***	−6.13***	−8.01***	11.58***
cash	4 594***	−48.10***	−53.72***	75.83***	2 954***	−24.97***	−29.25***	40.49***
cfo	6 213***	−61.41***	−73.61***	110.73***	5 267***	−48.10***	−60.63***	90.34***
stdret	6 846***	−66.81***	−81.30***	124.38***	5 940***	−57.19***	−69.95***	104.84***
age	7 063***	−66.26***	−83.69***	129.06***	5 747***	−54.27***	−66.47***	100.68***
soe	3 670***	−38.82***	−42.10***	55.92***	2 149***	−10.49***	−15.34***	23.13***
first	5 541***	−55.14***	−65.13***	96.25***	4 471***	−37.44***	−49.27***	73.18***

注：P、Z、L^* 和 P_m 代表四种统计量；"*""**"和"***"分别表示10%、5%和1%的显著性水平。

4.3.3 相关性分析

表4-5提供的变量间相关性分析结果显示，公司投资支出（invest）与投资机会（TobinQ）的Pearson相关系数为0.156，Spearman相关系数为0.195，且均在1%水平上显著，这初步表明了样本公司中投资支出对其投资机会存在敏感性。由于本章节重点关注投资机会与非控股大股东的交互项（TobinQ×ncls）的系数估计值，且被解释变量与其余控制变量也存在着显著的相关性，本章节的研究假设需要经过多元回归分析才能得以验证。此外，各解释变量之间的相关系数的绝对值均比较小（低于临界值0.5），且经方差膨胀因子（VIF）检验，发现所有变量的平均VIF值为2.89，且最大VIF值为4.26（低于临界值10），这表明各解释变量之间不存在严重的多重共线性问题。

表 4-5 Pearson 和 Spearman 相关系数表

变量	invest	TobinQ	dum	num	ratio	size	lev	cash	cfo	stdret	age	soe	first
invest		0.195***	0.036***	0.043***	0.026**	-0.014*	-0.161***	0.264***	0.065***	0.021***	-0.308***	-0.168***	0.054***
TobinQ	0.156***		0.025***	0.026***	0.008	-0.479***	-0.446***	0.258***	0.086***	0.338***	-0.247***	-0.305***	-0.059***
dum	0.030***	0.024***		0.945***	0.925***	-0.048***	-0.025***	0.013**	0.007	-0.006	-0.108***	-0.084***	-0.265***
num	0.044***	0.026***	0.807***		0.951***	-0.056***	-0.035***	0.019**	0.003	-0.005	-0.125***	-0.086***	-0.297***
ratio	0.012**	-0.004	0.769***	0.860***		-0.034***	-0.017***	0.008	0.022***	-0.014**	-0.112***	-0.050***	-0.272***
size	-0.061***	-0.398***	-0.022***	-0.029***	0.028***		0.429***	-0.207***	0.047***	-0.162***	0.386***	0.237***	0.131***
lev	-0.116***	-0.364***	-0.025***	-0.039***	-0.010*	0.432***		-0.384***	-0.132***	0.005	0.343***	0.273***	0.000
cash	0.232***	0.244***	0.021***	0.034***	0.014**	-0.220***	-0.423***		0.131***	0.017***	-0.213***	-0.084***	0.022***
cfo	-0.017***	0.098***	-0.002	-0.011*	0.020***	0.047***	-0.140***	0.146***		-0.049***	-0.012**	0.062***	0.088***
stdret	0.056***	0.389***	0.009	0.013**	-0.011*	-0.161***	-0.014***	0.019**	-0.035***		-0.065***	-0.075***	-0.062***
age	-0.177***	-0.162***	-0.095***	-0.107***	-0.092***	0.353***	0.319***	-0.210***	-0.019***	-0.085***		0.350***	-0.153***
soe	-0.144***	-0.255***	-0.084***	-0.076***	-0.012**	0.251***	0.272***	-0.111***	0.062***	-0.091***	0.328***		0.179***
first	0.019***	-0.048***	-0.274***	-0.302***	-0.256***	0.166***	0.003	0.029***	0.089***	-0.057***	-0.140***	0.178***	

注：左下方为 Pearson 相关系数；右上方为 Spearman 相关系数；"*""**"和"***"分别表示 10%、5% 和 1% 的显著性水平。

4.3.4 研究假设的实证检验

1. 非控股大股东对公司投资决策的影响

表4-6列示的是非控股大股东影响公司投资决策的全样本回归结果。其中，表4-6第（1）列的结果显示，在控制了其余因素的影响后，投资机会（TobinQ）的回归系数为0.034，且在1%水平上显著为正，这表明样本中上市公司的投资支出对其投资机会高度敏感，也即公司会根据投资机会动态调整投资支出，当面临较好的投资机会时选择投资扩张决策，在投资机会较差时则选择尽可能地缩减投资规模，这说明公司投资决策符合资本逐利的经济规律。本章节重点考察非控股大股东是否影响公司投资支出－投资机会敏感性以及如何影响，也即主要关注投资机会与非控股大股东的交互项（TobinQ×ncls）的回归系数大小及其显著性水平。表4-6第（2）～（4）列结果显示，在控制其余因素的影响之后，TobinQ的回归系数始终在1%水平上显著为正，交互项TobinQ×dum、TobinQ×num、TobinQ×ratio的回归系数分别为0.012、0.006、0.047，且均在5%水平上显著为正，这表明当公司中存在非控股大股东时，公司投资支出－投资机会敏感性会显著提高，且非控股大股东的数量越多、持股比例之和越大，公司投资支出－投资机会敏感性越强，这验证了本书的假设3.1.1，即非控股大股东能够显著提升公司投资支出－投资机会敏感性，使公司投资决策能更好地遵循资本逐利的经济规律。此外，从控制变量来看，size、cash、stdret的回归系数均在1%水平上显著为正，而age的回归系数在1%水平上显著为负，这表明公司规模越大、现金储备越充分、特有风险越高，公司投资支出越大，而越成熟的公司，其新增投资水平会越低，这与已有文献的研究结果基本一致（靳庆鲁 等，2015；刘井建 等，2015；周中胜 等，2017）。

表 4-6　非控股大股东对公司投资决策的影响

变量	（1）	（2）	（3）	（4）
TobinQ	0.034***	0.027***	0.029***	0.029***
	（9.907）	（6.860）	（7.554）	（7.807）
dum		−0.020		
		（−1.512）		
TobinQ × dum		0.012**		
		（2.456）		
num			−0.004	
			（−0.549）	
TobinQ × num			0.006**	
			（2.299）	
ratio				−0.108*
				（−1.880）
TobinQ × ratio				0.047**
				（2.223）
size	0.035***	0.035***	0.034***	0.035***
	（8.157）	（7.966）	（7.739）	（7.912）
lev	−0.006	−0.006	−0.005	−0.005
	（−0.248）	（−0.256）	（−0.211）	（−0.221）
cash	0.585***	0.583***	0.581***	0.584***
	（15.950）	（15.891）	（15.859）	（15.938）
cfo	−0.221***	−0.220***	−0.220***	−0.222***
	（−4.228）	（−4.226）	（−4.222）	（−4.258）
stdret	0.226***	0.220***	0.216***	0.224***
	（3.541）	（3.447）	（3.390）	（3.499）
age	−0.009***	−0.009***	−0.009***	−0.009***
	（−10.300）	（−9.834）	（−9.564）	（−9.912）
soe	−0.066***	−0.066***	−0.067***	−0.066***
	（−6.410）	（−6.470）	（−6.454）	（−6.394）

续表

变量	(1)	(2)	(3)	(4)
first	0.012	0.018	0.032	0.011
	(0.418)	(0.569)	(1.006)	(0.356)
常数项	−0.593***	−0.579***	−0.575***	−0.584***
	(−6.656)	(−6.527)	(−6.449)	(−6.512)
行业/年度	控制	控制	控制	控制
样本量	29 965	29 965	29 965	29 965
调整的 R^2	0.115	0.115	0.116	0.115

注："*""**"和"***"分别表示10%、5%和1%的显著性水平；括号内 T 值经公司层面聚类处理。

2. 控股股东股权质押对非控股大股东与公司投资决策关系的影响

为了检验本书的假设 3.1.2，本章节根据公司控股股东是否股权质押将全样本划分为股权质押子样本和未股权质押子样本，分组检验的回归结果列于表 4-7。结果显示，无论控股股东是否股权质押，投资机会（TobinQ）的回归系数均在1%水平上显著为正，与表4-6的结果一致。然而，交互项 TobinQ × dum、TobinQ × num、TobinQ × ratio 的回归系数仅在控股股东股权质押子样本中才显著为正，在未股权质押子样本中却不显著，这就证实了本书的假设 3.1.2，即如果控股股东进行股权质押，那么非控股大股东对公司投资支出-投资机会敏感性的正向影响更显著。

表4-7 控股股东股权质押对非控股大股东与公司投资决策关系的影响

变量	(1)	(2)	(3)	(4)	(5)	(6)
	控股股东股权质押			控股股东未股权质押		
TobinQ	0.032***	0.032***	0.034***	0.026***	0.027***	0.027***
	(5.270)	(5.614)	(5.960)	(5.090)	(5.599)	(5.681)
dum	−0.013			−0.023		
	(−0.602)			(−1.516)		
TobinQ × dum	0.014**			0.009		
	(2.004)			(1.505)		
num		−0.009			−0.002	
		(−0.790)			(−0.182)	
TobinQ × num		0.008**			0.004	
		(2.236)			(1.271)	
ratio			−0.081			−0.106*
			(−0.825)			(−1.705)
TobinQ × ratio			0.059*			0.034
			(1.759)			(1.361)
size	0.051***	0.050***	0.051***	0.026***	0.025***	0.027***
	(6.075)	(5.983)	(6.002)	(5.680)	(5.419)	(5.713)
lev	−0.013	−0.010	−0.011	−0.016	−0.016	−0.015
	(−0.308)	(−0.245)	(−0.257)	(−0.568)	(−0.574)	(−0.553)
cash	0.552***	0.551***	0.552***	0.589***	0.587***	0.590***
	(7.779)	(7.775)	(7.809)	(14.421)	(14.385)	(14.444)
cfo	−0.186**	−0.186**	−0.187**	−0.225***	−0.224***	−0.226***
	(−2.132)	(−2.145)	(−2.149)	(−3.875)	(−3.851)	(−3.892)
stdret	0.260**	0.251**	0.264**	0.184**	0.183**	0.186**
	(2.337)	(2.257)	(2.377)	(2.419)	(2.407)	(2.436)
age	−0.009***	−0.009***	−0.009***	−0.009***	−0.009***	−0.009***
	(−5.530)	(−5.526)	(−5.580)	(−10.250)	(−9.680)	(−10.326)

续表

变量	（1）	（2）	（3）	（4）	（5）	（6）
	控股股东股权质押			控股股东未股权质押		
soe	−0.043**	−0.044**	−0.044**	−0.062***	−0.062***	−0.062***
	(−2.094)	(−2.118)	(−2.115)	(−5.456)	(−5.404)	(−5.395)
first	0.077	0.080	0.071	−0.008	0.014	−0.013
	(1.440)	(1.491)	(1.335)	(−0.266)	(0.448)	(−0.415)
常数项	−1.062***	−1.050***	−1.056***	−0.358***	−0.355***	−0.367***
	(−6.229)	(−6.136)	(−6.151)	(−3.771)	(−3.721)	(−3.853)
行业/年度	控制	控制	控制	控制	控制	控制
样本量	11 208	11 208	11 208	18 757	18 757	18 757
调整的 R^2	0.095	0.096	0.095	0.137	0.138	0.137

注："*""**"和"***"分别表示10%、5%和1%的显著性水平；括号内 T 值经公司层面聚类处理。

3. 经济政策不确定性对非控股大股东与公司投资决策关系的影响

关于中国经济政策不确定性的测度，本章节使用黄云和陆保罗（2020）编制的指数，原因在于：黄云和陆保罗（2020）综合了报纸影响力、数据完整性及地区分布等因素，从114份内地主流报纸中挑选出10份报纸作为文本分析对象测算中国经济政策不确定性指数，这10份报纸分别为《人民日报》《北京青年报》《新京报》《新闻晨报》《南方都市报》《广州日报》《羊城晚报》《今日晚报》《解放日报》《文汇日报》。此外，黄云和陆保罗（2020）还在114份主流报纸中随机抽取10份报纸为数据来源重新进行测算，以上方法计算所得指标高度正相关，排除了样本选择性偏差问题。黄云和陆保罗（2020）在考虑了报道偏差、媒体审查制度变化以及正面报道等问题之后，依然得到了稳健的结果，且研究表明该指标能够更好地解释中国宏观经济波动，更客观地捕捉了中国经济政策的不确定性。

为了检验本书的假设 3.1.3，本章节基于黄云和陆保罗（2020）的经济政策不确定性指数，将此月度数据按照算术平均法转换为年度指标，以此测度经济政策不确定性，并按其中位数进行分组，分组检验的回归结果列于表 4-8。结果显示，无论处于经济政策不确定性较高的时期还是较低的时期，投资机会（TobinQ）的回归系数均在 1% 水平上显著为正，与表 4-6 的结果一致。然而，交互项 TobinQ×dum、TobinQ×num、TobinQ×ratio 的回归系数仅在经济政策不确定性较高的时期显著为正，在经济政策不确定性较低的时期不显著，这证实了本书的假设 3.1.3，即经济政策不确定性越高，非控股大股东对公司投资支出 – 投资机会敏感性的正向影响越显著。

表 4-8 经济政策不确定性对非控股大股东与公司投资决策关系的影响

变量	（1）	（2）	（3）	（4）	（5）	（6）
	经济政策不确定性高			经济政策不确定性低		
TobinQ	0.024***	0.025***	0.026***	0.035***	0.037***	0.036***
	（5.132）	（5.579）	（5.822）	（5.744）	（6.346）	（6.413）
dum	−0.011			−0.024		
	（−0.703）			（−1.322）		
TobinQ×dum	0.012**			0.008		
	（2.163）			（1.086）		
num		0.002			−0.006	
		（0.192）			（−0.622）	
TobinQ×num		0.006**			0.004	
		（2.020）			（0.949）	
ratio			−0.063			−0.135*
			（−0.882）			（−1.702）
TobinQ×ratio			0.045*			0.041
			（1.856）			（1.137）

续表

变量	（1）	（2）	（3）	（4）	（5）	（6）
	经济政策不确定性高			经济政策不确定性低		
size	0.031***	0.030***	0.031***	0.038***	0.038***	0.039***
	(5.904)	(5.634)	(5.802)	(7.581)	(7.462)	(7.569)
lev	−0.011	−0.007	−0.009	0.015	0.015	0.016
	(−0.335)	(−0.237)	(−0.301)	(0.534)	(0.526)	(0.549)
cash	0.616***	0.613***	0.616***	0.510***	0.508***	0.510***
	(13.648)	(13.630)	(13.682)	(10.342)	(10.333)	(10.360)
cfo	−0.336***	−0.336***	−0.339***	−0.053	−0.053	−0.054
	(−4.921)	(−4.922)	(−4.957)	(−0.792)	(−0.788)	(−0.799)
stdret	0.253***	0.245***	0.258***	0.143	0.143	0.144
	(3.077)	(2.998)	(3.148)	(1.484)	(1.479)	(1.494)
age	−0.009***	−0.008***	−0.009***	−0.010***	−0.010***	−0.010***
	(−7.660)	(−7.402)	(−7.678)	(−9.533)	(−9.362)	(−9.639)
soe	−0.086***	−0.087***	−0.086***	−0.041***	−0.041***	−0.040***
	(−6.891)	(−6.926)	(−6.848)	(−3.615)	(−3.565)	(−3.538)
first	0.015	0.031	0.010	0.014	0.027	0.007
	(0.411)	(0.829)	(0.266)	(0.393)	(0.729)	(0.208)
常数项	−0.506***	−0.491***	−0.507***	−0.668***	−0.670***	−0.672***
	(−4.703)	(−4.549)	(−4.653)	(−6.376)	(−6.378)	(−6.375)
行业/年度	控制	控制	控制	控制	控制	控制
样本量	17 319	17 319	17 319	12 646	12 646	12 646
调整的 R^2	0.136	0.137	0.136	0.077	0.077	0.077

4.4 稳健性检验

4.4.1 内生性检验

公司是否存在非控股大股东可能并非随机发生，而是根据上市公司特质而有意识选择的，其中就有可能会受到公司投资决策的影响，进而选择是否进入公司成为大股东,因此,前文实证结果中所观测到的非控股大股东与公司投资支出-投资机会敏感性之间的正相关关系可能受到了内生性问题的影响。基于此,本章节采用双重差分法(differences-in-differences,DID)与倾向得分匹配法(propensity score matching,PSM)以解决潜在的内生性问题。

1. 双重差分法(DID)

不同上市公司之间是否存在非控股大股东(dum)这一指标在年度时间序列上可能呈现出不同的变动趋势,因此,本章节借助非控股大股东"进入"和"退出"的样本与样本期间内未发生变动的样本进行对比,并假定发生变动的时点是受到了外生冲击,以此检测非控股大股东"进入"和"退出"后公司投资支出-投资机会敏感性的变化。本章节借鉴已有相关研究的做法(姜付秀 等,2017;朱冰 等,2018),根据不同上市公司非控股大股东"进入"或"退出"的时点不同,构造了多时点双重差分模型(DID),具体如模型(4-2)和模型(4-3)所示:

$$\text{invest}_{i,t}=\alpha_0+\alpha_1 \text{TobinQ}_{i,t-1}+\alpha_2 \text{enter}_{i,t-1}+\alpha_3 \text{TobinQ}_{i,t-1} \times \text{enter}_{i,t-1}+\alpha_4 \text{size}_{i,t-1}+\alpha_5 \text{lev}_{i,t-1}$$
$$+\alpha_6 \text{cash}_{i,t-1}+\alpha_7 \text{cfo}_{i,t-1}+\alpha_8 \text{stdret}_{i,t-1}+\alpha_9 \text{age}_{i,t-1}+\alpha_{10} \text{soe}_{i,t-1}+\alpha_{11} \text{first}_{i,t-1}$$
$$+\sum \text{firm}+\sum \text{year}+\varepsilon_{i,t} \qquad (4\text{-}2)$$

$$\text{invest}_{i,t}=\alpha_0+\alpha_1 \text{TobinQ}_{i,t-1}+\alpha_2 \text{exit}_{i,t-1}+\alpha_3 \text{TobinQ}_{i,t-1} \times \text{exit}_{i,t-1}+\alpha_4 \text{size}_{i,t-1}+\alpha_5 \text{lev}_{i,t-1}$$
$$+\alpha_6 \text{cash}_{i,t-1}+\alpha_7 \text{cfo}_{i,t-1}+\alpha_8 \text{stdret}_{i,t-1}+\alpha_9 \text{age}_{i,t-1}+\alpha_{10} \text{soe}_{i,t-1}+\alpha_{11} \text{first}_{i,t-1}$$
$$+\sum \text{firm}+\sum \text{year}+\varepsilon_{i,t} \qquad (4\text{-}3)$$

上述模型均使用固定效应回归,$\sum \text{firm}$ 和 $\sum \text{year}$ 分别代表控制了公司和年度固定效应。本章节将样本划分为以下四组:①一直保持无非控股大股东的公司;②无非控股大股东的公司,某年度起转变为有非控股大股东;③一直保持有非控股大股东的公司；④存在非控股大股东的公司，某年度起转变为无非控股大股东。需要说明的是，对于研究期间内发生多次非控股大股东"进入"和（或）"退出"的公司样本，本章节予以剔除，且要求变化前后至少各有两年的观测数据。

其中，模型（4-2）使用上述第②组作为处理组与第①组样本作为控制组来进行对比，enter 为非控股大股东"进入"哑变量，公司由无非控股大股东转变为有非控股大股东的当年及之后年度取值为 1，其他情况都取值为 0，交互项 TobinQ$_{i,t-1}$×enter$_{i,t-1}$ 刻画了非控股大股东"进入"对公司投资支出－投资机会敏感性的影响。模型（4-3）则使用上述第④组作为处理组与第③组样本作为控制组来进行对比，exit 为非控股大股东"退出"哑变量，公司由有非控股大股东转变为无非控股大股东的当年及之后年度取值为 1，其他情况都取值为 0，交互项 TobinQ$_{i,t-1}$×exit$_{i,t-1}$ 刻画了非控股大股东"退出"对公司投资支出－投资机会敏感性的影响。上述两个模型中的其余控制变量和模型（4-1）保持一致。

表 4-9 列示了双重差分检验的回归结果。从结果中可以看出，投资机会（TobinQ）的回归系数均在 1% 水平上显著为正，与表 4-6 的结果一致。由表 4-9 第（1）～（2）列的结果可见，无论是否加入控制变量，交互项 TobinQ×enter 的回归系数均在 5% 水平以上显著为正，这表明与一直保持无非控股大股东的公司相比，公司由无非控股大股东转变为有非控股大股东之后，其投资支出－投资机会敏感性显著提升。由表 4-9 第（3）～（4）列的结果可见，无论是否加入控制变量，交互项 TobinQ×exit 的回归系数均在 5% 水平以上显著为负，这表明与一直保持有非控股大股东的公司相比，公司由有非控股大股东转变为无非控股大股东之后，其投资支出－投资机会敏感性

显著降低。综合来看,通过模拟的双重差分检验,仍然支持非控股大股东能够显著提升公司投资支出－投资机会敏感性这一假设。

表4–9 内生性检验(1):双重差分模型(DID)

变量	(1)	(2)	(3)	(4)
	非控股大股东"进入"		非控股大股东"退出"	
TobinQ	0.030***	0.020***	0.050***	0.041***
	(6.139)	(3.836)	(12.819)	(10.051)
enter	−0.022	−0.013		
	(−0.797)	(−0.463)		
TobinQ × enter	0.022**	0.027***		
	(2.368)	(3.000)		
exit			0.013	0.009
			(0.605)	(0.453)
TobinQ × exit			−0.019***	−0.014**
			(−3.170)	(−2.278)
size		−0.027**		0.011
		(−2.312)		(1.157)
lev		−0.099**		−0.117***
		(−2.131)		(−3.130)
cash		0.827***		0.887***
		(15.716)		(20.608)
cfo		−0.056		−0.307***
		(−0.773)		(−5.000)
stdret		−0.038		0.034
		(−0.375)		(0.417)
age		−0.002		−0.006***
		(−0.694)		(−3.308)

续表

变量	（1）	（2）	（3）	（4）
	非控股大股东"进入"		非控股大股东"退出"	
soe		−0.056*		−0.115***
		(−1.650)		(−4.918)
first		0.302***		0.169***
		(4.321)		(3.056)
常数项	0.304***	0.661***	0.241***	−0.088
	(12.599)	(2.663)	(10.829)	(−0.445)
公司/年度	控制	控制	控制	控制
样本量	7 618	7 618	11 113	11 113
调整的 R^2	0.038	0.086	0.057	0.110

2. 倾向得分匹配法（PSM）

本章节利用倾向评分匹配法进行样本配对，以解决可能存在的选择性偏误问题。具体而言，本章节借鉴余怒涛等（2023）的做法，根据公司是否存在非控股大股东，将样本分为两组：处理组（有非控股大股东的公司）与控制组（无非控股大股东的公司），选取公司规模（size）、资产负债率（lev）、盈利能力（roa）以及上市年龄（age）为匹配变量进行倾向得分匹配，以1∶1最邻近匹配法为处理组寻找特征相近的控制组样本，具体如下：如处理组中的A公司在2005年为有非控股大股东的公司，则根据A公司2005年相关特征（即匹配变量）在截至2005年一直保持无非控股大股东的公司中通过配对寻找控制组；若处理组中的B公司在2006年为有非控股大股东的公司，则根据B公司2006年相关特征在截至2006年一直保持无非控股大股东的公司中通过配对寻找控制组……以此类推，直至为所有年度的处理组寻找到合适的控制组。最终匹配后获得有效观测值23 129个。

表4-10列示了倾向得分匹配的估计结果。首先，由表4-10 Panel A可知，配对之前处理组和控制组存在较为明显的特征差异，而配对之后二者的密度曲线几乎重合，即配对后处理组样本（dum=1）和控制组样本（dum=0）之间尽可能地相似，这验证了共同支撑假设。其次，由表4-10 Panel B可知，配对后各匹配变量的组间均值差异均在5%以内且不显著，即通过了平衡性检验。在配对结果良好的情况下，本章节基于配对后的子样本重新进行回归，结果列于表4-10 Panel C。从结果中可见，TobinQ的回归系数始终在1%水平上显著为正，交互项TobinQ×dum、TobinQ×num、TobinQ×ratio的回归系数分别为0.015、0.007、0.052，且均在1%水平上显著，结果仍与前文基本保持一致。

表4-10 内生性检验（2）：倾向得分匹配法（PSM）

Panel A：配对前后密度图

Panel B：配对后各匹配变量的均值差异					
变量	处理组均值	控制组均值	%bias	t值	p>|t|
size	21.909	21.904	0.4	0.320	0.751
lev	0.439	0.435	1.6	1.410	0.157
roa	0.036	0.036	−1.2	−1.050	0.296
age	9.371	9.377	−0.1	−0.080	0.933

续表

变量	Panel C：配对后子样本回归结果		
	（1）	（2）	（3）
TobinQ	0.022***	0.025***	0.027***
	（6.796）	（8.781）	（9.474）
dum	-0.024**		
	（-2.269）		
TobinQ × dum	0.015***		
	（4.423）		
num		-0.003	
		（-0.624）	
TobinQ × num		0.007***	
		（4.024）	
ratio			-0.110**
			（-2.563）
TobinQ × ratio			0.052***
			（3.598）
size	0.036***	0.035***	0.037***
	（11.461）	（11.061）	（11.431）
lev	-0.014	-0.012	-0.012
	（-0.763）	（-0.653）	（-0.671）
cash	0.611***	0.608***	0.612***
	（24.048）	（23.918）	（24.063）
cfo	-0.261***	-0.260***	-0.263***
	（-6.444）	（-6.407）	（-6.487）

续表

	Panel C：配对后子样本回归结果		
stdret	0.291***	0.285***	0.293***
	（4.921）	（4.828）	（4.962）
age	-0.009***	-0.009***	-0.010***
	（-17.007）	（-16.511）	（-17.083）
soe	-0.072***	-0.073***	-0.072***
	（-10.434）	（-10.502）	（-10.438）
first	0.028	0.046**	0.019
	（1.327）	（2.156）	（0.922）
常数项	-0.600***	-0.596***	-0.606***
	（-8.705）	（-8.644）	（-8.793）
行业/年度	控制	控制	控制
样本量	23 129	23 129	23 129
调整的 R^2	0.124	0.125	0.124

4.4.2 其他稳健性检验

1. 更换公司投资支出的测度

借鉴靳庆鲁等（2012）和饶品贵等（2017）的做法，本章节采用以下两种替代性指标重新测度公司投资支出，公式分别为：invest1 =（购建固定资产、无形资产和其他长期资产支付的现金）/当期总资产；invest2 =（购建固定资产、无形资产和其他长期资产支付的现金 − 处置固定资产、无形资产和其他长期资产收回的现金净额）/当期总资产。本章节以 invest1 和 invest2 依次作为被解释变量重新进行回归，回归结果列示于表 4-11。结果显示，无论以 invest1 还是 invest2 作为被解释变量，TobinQ 的回归系数始终在 1% 水平上显著为正，交互项 TobinQ × dum、TobinQ × num、TobinQ × ratio 的回归系数均在 10% 水平以上显著为正，仍与前文基本保持一致。

表 4-11 其他稳健性测试（1）：更换公司投资支出的测度

变量	（1）	（2）	（3）	（4）	（5）	（6）
	\multicolumn{3}{c}{invest1}			invest2	
TobinQ	0.001***	0.001***	0.001***	0.001***	0.001***	0.001***
	(4.459)	(5.290)	(5.533)	(4.438)	(5.229)	(5.448)
dum	−0.001			−0.001		−0.001
	(−0.759)			(−0.631)		(−0.759)
TobinQ × dum	0.001**			0.001**		0.001**
	(2.527)			(2.493)		(2.527)
num		0.000			0.000	
		(0.871)			(0.931)	
TobinQ × num		0.000**			0.000**	
		(1.966)			(1.998)	
ratio			−0.003			−0.004
			(−0.736)			(−0.832)
TobinQ × ratio			0.003*			0.003**
			(1.881)			(1.980)
size	0.004***	0.004***	0.004***	0.005***	0.005***	0.005***
	(14.375)	(14.085)	(14.263)	(17.001)	(16.708)	(16.890)
lev	−0.006***	−0.006***	−0.006***	−0.010***	−0.010***	−0.010***
	(−3.592)	(−3.534)	(−3.541)	(−5.721)	(−5.661)	(−5.667)
cash	−0.006**	−0.006**	−0.006**	−0.003	−0.004	−0.003
	(−2.407)	(−2.505)	(−2.390)	(−1.410)	(−1.511)	(−1.389)
cfo	0.105***	0.105***	0.105***	0.108***	0.108***	0.108***
	(27.359)	(27.399)	(27.330)	(27.816)	(27.859)	(27.786)

续表

变量	（1）	（2）	（3）	（4）	（5）	（6）
	\multicolumn{3}{c	}{invest1}	\multicolumn{3}{c}{invest2}			
stdret	−0.005	−0.006	−0.005	−0.004	−0.005	−0.004
	（−0.958）	（−1.026）	（−0.914）	（−0.735）	（−0.806）	（−0.691）
age	−0.002***	−0.002***	−0.002***	−0.002***	−0.002***	−0.002***
	（−28.826）	（−28.376）	（−28.863）	（−30.805）	（−30.349）	（−30.865）
soe	−0.003***	−0.003***	−0.003***	−0.003***	−0.003***	−0.003***
	（−4.232）	（−4.279）	（−4.269）	（−4.155）	（−4.206）	（−4.195）
first	−0.002	−0.000	−0.002	−0.000	0.001	−0.001
	（−0.903）	（−0.138）	（−1.089）	（−0.218）	（0.533）	（−0.472）
常数项	−0.013*	−0.012*	−0.013*	−0.035***	−0.035***	−0.035***
	（−1.904）	（−1.870）	（−1.898）	（−5.228）	（−5.187）	（−5.214）
行业/年度	控制	控制	控制	控制	控制	控制
样本量	29 965	29 965	29 965	29 965	29 965	29 965
调整的 R^2	0.170	0.170	0.170	0.172	0.172	0.172

2. 更换公司投资机会的测度

考虑到股权分置改革之前，上市公司的流通股和非流通股之间具有明显区别，但关于非流通股价值的判断尚无明确的标准。因此，为了排除这一影响，本章节借鉴陈信元等（2014）和饶品贵等（2017）的做法，利用每股净资产来计算非流通股的价值，并对托宾 Q 值重新计算，公式为：TobinQ1=（流通股股数 × 股票价格 + 非流通股股数 × 每股净资产 + 负债年末账面价值）/期末总资产。以 TobinQ1 作为公司投资机会的测度指标重新回归，回归结果列示于表 4-12。结果显示，TobinQ1 的回归系数始终在 1% 水平上显著为正，交互项 TobinQ1 × dum、TobinQ1 × num、TobinQ1 × ratio 的回归系数均在 5% 水平上显著为正，结果仍与前文保持一致。

表 4-12 其他稳健性测试（2）：更换公司投资机会的测度

变量	（1）	（2）	（3）
TobinQ1	0.027***	0.029***	0.029***
	（6.855）	（7.550）	（7.803）
dum	−0.020		
	（−1.508）		
TobinQ1 × dum	0.012**		
	（2.451）		
num		−0.004	
		（−0.542）	
TobinQ1 × num		0.006**	
		（2.290）	
ratio			−0.107*
			（−1.871）
TobinQ1 × ratio			0.046**
			（2.212）
size	0.035***	0.034***	0.035***
	（7.962）	（7.736）	（7.909）
lev	−0.006	−0.005	−0.005
	（−0.259）	（−0.214）	（−0.224）
cash	0.583***	0.581***	0.584***
	（15.892）	（15.860）	（15.938）
cfo	−0.220***	−0.220***	−0.222***
	（−4.223）	（−4.219）	（−4.255）
stdret	0.220***	0.216***	0.223***
	（3.443）	（3.385）	（3.494）
age	−0.009***	−0.009***	−0.009***
	（−9.836）	（−9.565）	（−9.914）
soe	−0.066***	−0.067***	−0.066***
	（−6.468）	（−6.452）	（−6.392）
first	0.018	0.032	0.011
	（0.569）	（1.006）	（0.355）

续表

变量	（1）	（2）	（3）
常数项	−0.579***	−0.574***	−0.584***
	(−6.523)	(−6.446)	(−6.509)
行业/年度	控制	控制	控制
样本量	29 965	29 965	29 965
调整的 R^2	0.115	0.116	0.115

3. 更换经济政策不确定性的测度

斯科特·贝克等（2016）以中国香港最具代表性的英文纸质媒体——《南华早报》作为文本分析对象，在每份新闻报道里逐一检索与中国经济政策波动相关的关键词，经仔细甄别和筛选之后，统计有关中国经济政策不确定性信息的报道出现的频率，并以此构建出每个月度的中国经济政策不确定性指数。前文已详细阐述了选用黄云和陆保罗（2020）的中国经济政策不确定性指数的原因，但考虑到斯科特·贝克等（2016）编制的指数也得到了广泛的运用，本章节使用这一数据作为替代性度量进行稳健性测试，同样地，将此月度数据按照算术平均法转换为年度指标，再按其中位数进行分组，分组检验的回归结果列于表4-13。结果显示，无论处于经济政策不确定性较高的时期还是较低的时期，投资机会（TobinQ）的回归系数均在1%水平上显著为正，与表4-6的结果一致。然而，交互项 TobinQ×dum、TobinQ×num、TobinQ×ratio 的回归系数仅在经济政策不确定性较高的时期才显著为正，在经济政策不确定性较低的时期却不显著，结果仍然支持本书的假设3.1.3，即经济政策不确定性越高，非控股大股东对公司投资支出－投资机会敏感性的正向影响越显著。

表4-13 其他稳健性测试（3）：更换经济政策不确定性的测度

变量	（1）	（2）	（3）	（4）	（5）	（6）
	\multicolumn{3}{c}{经济政策不确定性高}	\multicolumn{3}{c}{经济政策不确定性低}				
TobinQ	0.024***	0.024***	0.026***	0.034***	0.037***	0.036***
	（5.183）	（5.504）	（5.875）	（5.753）	（6.635）	（6.570）
dum	−0.004			−0.044**		
	（−0.246）			（−2.364）		
TobinQ × dum	0.011**			0.013		
	（1.979）			（1.642）		
num		0.002			−0.012	
		（0.232）			（−1.178）	
TobinQ × num		0.006**			0.004	
		（2.091）			（1.145）	
ratio			−0.060			−0.166**
			（−0.867）			（−2.232）
TobinQ × ratio			0.043*			0.049
			（1.774）			（1.551）
size	0.029***	0.028***	0.030***	0.042***	0.041***	0.042***
	（5.732）	（5.485）	（5.711）	（7.820）	（7.705）	（7.758）
lev	0.018	0.020	0.018	−0.031	−0.031	−0.031
	（0.589）	（0.680）	（0.614）	（−1.006）	（−1.007）	（−1.009）
cash	0.550***	0.547***	0.552***	0.625***	0.625***	0.624***
	（12.276）	（12.253）	（12.341）	（12.754）	（12.771）	（12.764）
cfo	−0.261***	−0.261***	−0.262***	−0.163**	−0.163**	−0.163**
	（−4.010）	（−4.018）	（−4.039）	（−2.310）	（−2.311）	（−2.313）
stdret	0.280***	0.271***	0.286***	0.106	0.109	0.109
	（3.565）	（3.449）	（3.644）	（1.025）	（1.050）	（1.052）
age	−0.008***	−0.008***	−0.008***	−0.012***	−0.011***	−0.012***
	（−8.015）	（−7.789）	（−8.109）	（−9.216）	（−9.016）	（−9.251）

续表

变量	（1）	（2）	（3）	（4）	（5）	（6）
	经济政策不确定性高			经济政策不确定性低		
soe	−0.083***	−0.084***	−0.083***	−0.045***	−0.044***	−0.044***
	(−6.874)	(−6.916)	(−6.830)	(−3.739)	(−3.649)	(−3.640)
first	0.062*	0.076**	0.051	−0.057	−0.042	−0.054
	(1.737)	(2.097)	(1.444)	(−1.508)	(−1.084)	(−1.439)
常数项	−0.492***	−0.476***	−0.497***	−0.690***	−0.696***	−0.700***
	(−4.760)	(−4.585)	(−4.735)	(−6.232)	(−6.262)	(−6.297)
行业/年度	控制	控制	控制	控制	控制	控制
样本量	18 110	18 110	18 110	11 855	11 855	11 855
调整的 R^2	0.112	0.113	0.112	0.123	0.123	0.123

4. 缩短样本期间

本章节的样本期间为2004—2019年，既经历了上市公司股权分置改革，也跨越了2007—2009年的环球金融危机，为了尽可能地排除这些特殊事件对本章节研究结果的影响，借鉴柯艳蓉和李玉敏（2019）的做法，将样本期间缩短至2010年及之后年度（即限定在2010—2019年），重新对计量模型（4-1）进行检验，回归结果列示于表4-14。结果显示，TobinQ的回归系数始终在1%水平上显著为正，交互项TobinQ×dum、TobinQ×num、TobinQ×ratio 的回归系数均在5%水平上显著为正，结果仍与前文保持一致。总体而言，以上稳健性检验结果证实了本章节的研究结论具有较强的可靠性和说服力。

表 4-14　其他稳健性测试（4）：缩短样本期间

变量	（1）	（2）	（3）
TobinQ	0.027***	0.027***	0.027***
	（5.986）	（6.397）	（6.531）
dum	−0.007		
	（−0.432）		
TobinQ × dum	0.011**		
	（2.004）		
num		0.001	
		（0.144）	
TobinQ × num		0.006**	
		（2.183）	
ratio			−0.083
			（−1.225）
TobinQ × ratio			0.056**
			（2.342）
size	0.031***	0.030***	0.032***
	（6.115）	（5.845）	（6.018）
lev	0.007	0.010	0.008
	（0.246）	（0.355）	（0.293）
cash	0.566***	0.563***	0.566***
	（13.468）	（13.449）	（13.502）
cfo	−0.301***	−0.300***	−0.303***
	（−4.701）	（−4.698）	（−4.748）
stdret	0.282***	0.272***	0.283***
	（3.743）	（3.630）	（3.770）
age	−0.008***	−0.008***	−0.008***
	（−7.655）	（−7.422）	（−7.679）

续表

变量	（1）	（2）	（3）
soe	−0.090***	−0.091***	−0.091***
	（−7.205）	（−7.258）	（−7.174）
first	0.012	0.026	0.006
	（0.330）	（0.734）	（0.179）
常数项	−0.446***	−0.428***	−0.447***
	（−4.203）	（−4.015）	（−4.130）
行业/年度	控制	控制	控制
样本量	21 512	21 512	21 512
调整的 R^2	0.127	0.128	0.127

4.5 进一步研究

4.5.1 非控股大股东、公司投资决策与期权价值

公司投资活动是其价值创造的重要驱动因素（弗兰科·莫迪利安尼 等，1958；James A. Ohlson，1995），戴维·伯格斯塔勒和伊利亚·迪切夫（1997）与张国昌（2000）的研究表明，公司在任一时间段都面临着继续经营、扩张以及清算这三种状态，而其选择其中一种投资决策所带来的权益价值便构成了公司的期权价值。具体而言，当公司面临良好的投资机会并选择投资扩张时，权益价值主要反映为增长价值，而当公司未来经营前景黯淡并选择缩减投资规模时，权益价值则主要反映为清算价值（靳庆鲁 等，2012）。结合前文理论分析及实证结果，非控股大股东有助于提升公司投资支出-投资机会敏感性，也即能够促使公司执行更科学合理的投资决策，那么这一影响最终

能否反映到公司权益定价之中呢？为此，本章节欲进一步考察非控股大股东对公司期权价值的影响。

为了测度公司的增长期权价值和清算期权价值，本章节借鉴已有相关研究的做法（靳庆鲁 等，2010；陈信元 等，2014；柯艳蓉 等，2019），构建了模型（4-4）和模型（4-5）：

$$MV_t/NA_{t-1}=a_0+a_1GM+a_2GH+a_3NP_t/NA_{t-1}+a_4GM \times NP_t/NA_{t-1}$$
$$+a_5GH \times NP_t/NA_{t-1}+\varepsilon_{i,t} \quad (4\text{-}4)$$

$$MV_t/NP_t=a_0+a_1LM+a_2LH+a_3NA_{t-1}/NP_t+a_4LM \times NA_{t-1}/NP_t$$
$$+a_5LH \times NA_{t-1}/NP_t+\varepsilon_{i,t} \quad (4\text{-}5)$$

其中，MV_t为公司在t年的总市值；NA_{t-1}为公司在$t-1$年的净资产；NP_t为公司在t年的净利润；GM和GH为哑变量，根据现有文献的做法（陈信元等，2014；柯艳蓉 等，2019），根据各年度NP_t/NA_{t-1}的数值大小将全样本分为三组，若NP_t/NA_{t-1}位于最高组（代表公司投资机会较好），则GH取值为1，否则为0，若NP_t/NA_{t-1}位于中间组，则GM取值为1，否则为0；同样地，LM和LH为哑变量，根据现有文献的做法（陈信元 等，2014；柯艳蓉 等，2019），首先，剔除年度亏损的样本，其次，再根据各年度NA_{t-1}/NP_t的数值大小将剩余样本分为三组，若NA_{t-1}/NP_t位于最高组（代表公司投资机会较差），则LH取值为1，否则为0，若NA_{t-1}/NP_t位于中间组，则LM取值为1，否则为0；模型（4-4）中$GH \times NP_t/NA_{t-1}$的回归系数和模型（4-5）中$LH \times NA_{t-1}/NP_t$的回归系数分别反映了公司的增长期权价值和清算期权价值。为了检验非控股大股东对公司增长/清算期权价值的影响，本章节参照陈信元等（2014）、柯艳蓉和李玉敏（2019）的做法，根据是否存在非控股大股东进行分组回归，并通过判断回归系数的显著性差异来进行验证。

表 4-15 的第（1）～（3）列为非控股大股东与公司增长期权价值关系的相关回归结果。从第（1）列全样本的回归结果来看，NP_t/NA_{t-1} 的回归系数为 -0.067，且在 1% 水平上显著为负；而 $GM \times NP_t/NA_{t-1}$ 和 $GH \times NP_t/NA_{t-1}$ 的回归系数分别为 24.597、31.062，亦均在 1% 水平上显著为正，即给定净资产，公司权益价值对净利润的回归系数在盈利能力最低组显著为负，而在盈利能力中间组和最高组显著为正，且系数大小逐渐增加，表明公司盈利能力越高，权益价值更多地表现为增长期权价值。进一步地，本章节将全样本按是否存在非控股大股东（dum）进行分组检验，回归结果列示于表 4-15 的第（2）～（3）列。结果显示，"无非控股大股东组（即 dum=0）"中 $GH \times NP_t/NA_{t-1}$ 的回归系数小于"有非控股大股东组（即 dum=1）"，且组间系数差异性检验（Chi^2 test）的结果显示，两组样本之间的回归系数差异在 5% 水平上显著为正，这表明当面临好的投资机会时，非控股大股东有强烈的动机且有足够的能力促使公司及时扩大对高净现值项目的投资规模，进而增加公司的增长期权价值。

表 4-15 的第（4）～（6）列为非控股大股东与公司清算期权价值关系的相关回归结果。从第（4）列全样本的回归结果来看，NA_{t-1}/NP_t、$LM \times NA_{t-1}/NP_t$、$LH \times NA_{t-1}/NP_t$ 的回归系数分别为 0.066、2.797、4.426，且均在 1% 水平上显著为正，即给定净利润，公司权益价值对净资产的回归系数在盈利能力最高组（即 NA_{t-1}/NP_t 最低组）显著为正，而在盈利能力的中间组和最低组其系数显著增加，表明公司盈利能力越低，权益价值更多地表现为清算期权价值。进一步地，本章节将全样本按是否存在非控股大股东（dum）进行分组检验，回归结果列示于表 4-15 的第（5）～（6）列。结果显示，"无非控股大股东组（即 dum=0）"中 $LH \times NA_{t-1}/NP_t$ 的回归系数小于"有非控股大

股东组（即 dum=1）"，且组间系数差异性检验（Chi² test）的结果显示，两组之间的系数差异在5%水平上显著为正，这表明当未来经营前景黯淡或者经营不善时，公司被清算或被兼并的风险显著上升，此时非控股大股东有强烈的动机且有足够的能力促使公司及时降低资本投资力度和投资水平，进而提升公司的清算期权价值。

表4-15 非控股大股东对公司增长期权价值、清算期权价值的影响

变量	（1）	（2）	（3）	变量	（4）	（5）	（6）
	增长期权价值（MV_t/NA_{t-1}）				清算期权价值（MV_t/NP_t）		
	全样本	dum=0	dum=1		全样本	dum=0	dum=1
GM	−1.919***	−1.816***	−1.998***	LM	−15.002***	−14.669**	−14.586**
	(−12.753)	(−8.970)	(−9.012)		(−3.054)	(−2.179)	(−2.060)
GH	−3.632***	−3.459***	−3.792***	LH	−42.784***	−33.781***	−46.107***
	(−36.374)	(−24.927)	(−26.571)		(−21.383)	(−12.358)	(−15.811)
NP_t/NA_{t-1}	−0.067***	−0.759***	0.029	NA_{t-1}/NP_t	0.066***	0.198***	0.044***
	(−2.877)	(−12.200)	(1.143)		(22.168)	(25.500)	(13.577)
$GM \times NP_t/NA_{t-1}$	24.597***	24.068***	25.790***	$LM \times NA_{t-1}/NP_t$	2.797***	2.779***	2.698***
	(13.506)	(9.814)	(9.617)		(7.321)	(5.314)	(4.896)
$GH \times NP_t/NA_{t-1}$	31.062***	29.713***	33.068***	$LH \times NA_{t-1}/NP_t$	4.426***	4.087***	4.528***
	(74.673)	(50.416)	(56.260)		(192.543)	(119.586)	(136.680)
常数项	4.726***	4.684***	4.740***	常数项	37.877***	35.596***	39.476***
	(117.822)	(87.348)	(79.572)		(34.039)	(22.972)	(25.003)
样本量	29 140	14 690	14 450	样本量	26 281	13 299	12 982
调整的 R^2	0.226	0.206	0.252	调整的 R^2	0.720	0.734	0.714
Chi²	4.67**			Chi²	6.15**		
Prob > Chi²	0.030 7			Prob > Chi²	0.013 2		

注："*""**"和"***"分别表示10%、5%和1%的显著性水平；按照组间系数差异性检验（Chi² test）的要求，括号内 T 值未经公司层面聚类处理。

4.5.2 异质非控股大股东对公司投资决策的影响

前文的实证结果已验证非控股大股东作为治理主体，能够显著提升公司投资支出－投资机会敏感性。然而，非控股大股东并非是同质的，不同类型的非控股大股东可能具有不同的利益目标或者行为动机（余怒涛 等，2023），进而也可能对公司投资决策的态度以及影响效应存在差异。

为了进一步考察不同的非控股大股东对公司投资决策的影响是否存在差异，本章节借鉴余怒涛等（2023）的研究思路，根据"股东性质"将非控股大股东划分为国有、外资以及其他三种类型，并按照这三种类型分别计算是否存在（国有／外资／其他）非控股大股东、（国有／外资／其他）非控股大股东的数量以及（国有／外资／其他）非控股大股东持股比例之和，再依次用作核心解释变量进行回归，回归结果列示于表 4-16。结果显示，TobinQ 的回归系数始终在 1% 水平上显著为正，交互项 TobinQ × dum、TobinQ × num、TobinQ × ratio 的回归系数仅在外资非控股大股东这一类型才显著为正，在国有非控股大股东和其他非控股大股东这两种类型均不显著。该结果表明，相较于国有非控股大股东与其他非控股大股东，外资非控股大股东更能有效地提升公司投资支出－投资机会敏感性。这可能是因为，外资非控股大股东更加关注上市公司的内在价值和股票市场表现，且其自身对风险的感知较为敏感，对机会的识别能力也较强，因而具有更强烈的动机且有足够的能力督促上市公司的决策者更好地抓住投资机会，制约投资支出背离投资机会的不当行径；而国有非控股大股东由于其身份的特殊性，可能更关注的是上市公司对国家政策措施的贯彻落实与企业社会责任目标的实现，而对公司自身的投资决策及其效率问题并不那么重视。

表 4-16 异质非控股大股东对公司投资决策的影响

变量	（1）	（2）	（3）	（4）	（5）	（6）	（7）	（8）	（9）
	国有非控股大股东			外资非控股大股东			其他非控股大股东		
TobinQ	0.034***	0.034***	0.034***	0.033***	0.032***	0.033***	0.030***	0.032***	0.033***
	（9.674）	（9.800）	（9.770）	（9.535）	（9.337）	（9.530）	（8.080）	（8.886）	（9.192）
dum	−0.009			−0.073***			0.012		
	（−0.557）			（−3.521）			（0.822）		
TobinQ× dum	−0.006			0.018*			0.008		
	（−0.991）			（1.941）			（1.604）		
num		0.004			−0.069***			0.015*	
		（0.308）			（−4.239）			（1.883）	
TobinQ× num		−0.006			0.020***			0.001	
		（−1.465）			（2.874）			（0.566）	
ratio			0.030			−0.416***			0.087
			（0.419）			（−4.214）			（1.462）
TobinQ× ratio			−0.042			0.111**			0.002
			（−1.611）			（2.369）			（0.106）
size	0.035***	0.035***	0.035***	0.037***	0.037***	0.038***	0.035***	0.034***	0.035***
	（8.156）	（8.135）	（8.136）	（8.384）	（8.339）	（8.467）	（8.054）	（8.018）	（8.092）
lev	−0.005	−0.006	−0.006	−0.008	−0.008	−0.008	−0.006	−0.005	−0.006
	（−0.203）	（−0.239）	（−0.246）	（−0.347）	（−0.327）	（−0.346）	（−0.249）	（−0.209）	（−0.246）
cash	0.586***	0.586***	0.586***	0.583***	0.583***	0.583***	0.581***	0.581***	0.582***
	（15.992）	（15.992）	（15.970）	（15.901）	（15.915）	（15.924）	（15.831）	（15.857）	（15.872）
cfo	−0.222***	−0.221***	−0.221***	−0.219***	−0.221***	−0.220***	−0.215***	−0.214***	−0.219***
	（−4.252）	（−4.240）	（−4.232）	（−4.192）	（−4.231）	（−4.204）	（−4.122）	（−4.119）	（−4.194）
stdret	0.223***	0.223***	0.224***	0.222***	0.222***	0.223***	0.213***	0.212***	0.222***
	（3.481）	（3.490）	（3.499）	（3.474）	（3.466）	（3.484）	（3.333）	（3.328）	（3.469）
age	−0.009***	−0.009***	−0.009***	−0.010***	−0.009***	−0.010***	−0.009***	−0.009***	−0.009***
	（−10.261）	（−10.222）	（−10.233）	（−10.405）	（−10.348）	（−10.429）	（−9.702）	（−9.820）	（−10.103）

续表

变量	（1）	（2）	（3）	（4）	（5）	（6）	（7）	（8）	（9）
	国有非控股大股东			外资非控股大股东			其他非控股大股东		
soe	-0.062***	-0.064***	-0.064***	-0.066***	-0.066***	-0.065***	-0.062***	-0.062***	-0.064***
	（-5.760）	（-5.858）	（-5.999）	（-6.417）	（-6.432）	（-6.348）	（-6.168）	（-6.104）	（-6.250）
first	-0.001	0.004	0.006	0.007	0.008	0.007	0.034	0.035	0.025
	（-0.027）	（0.126）	（0.213）	（0.235）	（0.264）	（0.240）	（1.127）	（1.174）	（0.846）
常数项	-0.585***	-0.588***	-0.590***	-0.637***	-0.626***	-0.645***	-0.596***	-0.599***	-0.599***
	（-6.586）	（-6.610）	（-6.626）	（-6.911）	（-6.841）	（-6.992）	（-6.711）	（-6.738）	（-6.735）
行业/年度	控制	控制	控制	控制	控制	控制	控制	控制	控制
样本量	29 965	29 965	29 965	29 965	29 965	29 965	29 965	29 965	29 965
调整的 R^2	0.115	0.115	0.115	0.116	0.116	0.116	0.116	0.116	0.115

4.6 本章小结

作为公司财务决策最核心的内容之一，投资决策一直是公司金融领域的重要研究课题，非控股大股东是否影响公司投资决策以及如何影响是本章节的研究重点。本章以2004—2019年我国A股上市公司为研究样本，采用公司投资支出-投资机会敏感性来刻画公司投资决策的动态过程，以是否存在非控股大股东、非控股大股东的数量以及非控股大股东持股比例之和这三个指标来刻画非控股大股东特征，实证检验了非控股大股东与公司投资支出-投资机会敏感性之间的关系，研究发现：

第一，当上市公司中存在非控股大股东时，公司投资支出-投资机会敏感性会显著提高，且非控股大股东的数量越多、持股比例之和越高，公司投资支出-投资机会敏感性越高，这表明非控股大股东能够显著提升公司投资支出－投资机会敏感性，促使公司投资决策更好地体现资本逐利的经济规律。

第二，进一步分析结果表明，如果控股股东进行股权质押，那么非控股大股东对公司投资支出－投资机会敏感性的正向影响越显著；且经济政策不确定性越高，非控股大股东对公司投资支出－投资机会敏感性的正向影响越显著。

第三，在上述基本检验结果的基础上，本章还通过运用双重差分模型（DID）和倾向得分匹配法（PSM）缓解潜在的内生性问题，并通过替换公司的投资支出、投资机会以及经济政策不确定性这些关键变量的度量指标，且将样本期限缩短至 2010 年及之后以排除股权分置改革、环球金融危机等外生事件的影响进行了其他稳健性检验。结果表明，本章研究结论具有一定的可靠性。

第四，进一步地，本章将投资决策构成的公司价值划分为持续经营、增长、清算三种状态的期权价值，从实物期权角度细化了非控股大股东对不同状态公司价值的影响。结果表明，非控股大股东对公司投资决策的影响最终能够提升公司的增长／清算期权价值。

第五，本章根据"股东性质"将非控股大股东划分为国有、外资以及其他三种类型，考察异质非控股大股东对公司投资决策的影响。结果表明，相较于国有大股东与其他大股东，外资大股东对公司投资决策的正向影响更显著。

第5章 非控股大股东对公司资本结构决策影响的实证分析

5.1 样本选择与数据来源

为了保持全书的连贯性与一致性，本章节选取的样本研究期间与第4章节一致，即选取2004—2019年我国沪深A股上市公司作为初始研究样本，并借鉴与本章节主题相关的研究经验，执行以下筛选程序：第一，剔除金融保险类上市公司；第二，剔除被冠名ST、*ST、PT及退市等特别处理的公司；第三，在对一致行动人的持股进行汇总之后，剔除第一大股东持股比例小于5%的样本；第四，按照资本结构动态调整的研究要求，剔除少于两年连续值的公司样本；第五，剔除资产负债率大于1或所有者权益为负的样本；第六，剔除关键数据缺失的观察值。最终取得有效观测值29 637个。

本章节的行业分类依据中国证监会的《上市公司行业分类指引》(2012年修订)严格执行，除了制造业"C"字头代码取前2位以外，其他行业取第1位代码分类。此外，本章在数据分析时做出了如下处理：为了缓和离群值造成的偏误，对所有的连续变量进行双向1%缩尾处理；为了缓解异方差对回归系数标准误的影响，所有回归结果均在公司层面进行了聚类处理。

5.2 计量模型与变量定义

借鉴已有文献的做法（Soku Byoun，2008；迈克尔·福肯德 等，2012；盛明泉 等，2016；顾研 等，2018；黄俊威 等，2019），本章节基于标准部分调整模型测度上市公司的资本结构动态调整速度，如模型（5-1）所示：

$$\text{lev}_{i,t} - \text{lev}_{i,t-1} = \beta (\text{lev}^*_{i,t} - \text{lev}_{i,t-1}) + \varepsilon_{i,t} \quad (5\text{-}1)$$

其中，$\text{lev}_{i,t}$表示公司i在t年的实际资本结构；$\text{lev}_{i,t-1}$表示公司i在$t-1$年的实际资本结构；$\text{lev}^*_{i,t}$表示公司i在t年的目标资本结构；$\varepsilon_{i,t}$表示随机扰动项；需重点关注的是回归系数β，其含义是公司实际资本结构与目标资本结构之间的差距以平均每年β的速度缩小，即资本结构动态调整速度。

模型（5-1）中的目标资本结构$\text{lev}^*_{i,t}$这一数据无法直接获取，故而本章节参照大多数已有研究的做法（迈克尔·福肯德 等，2012；黄继承 等，2014；顾研 等，2018；黄俊威 等，2019；张博 等，2021），选取了一系列可能对资本结构产生影响的公司特征变量（各变量具体计算方法详见表5-1）以及控制了公司、行业和年度固定效应，对目标资本结构进行拟合，如模型（5-2）所示：

$$\text{lev}^*_{i,t} = \lambda_1 \text{size}_{i,t-1} + \lambda_2 \text{roa}_{i,t-1} + \lambda_3 \text{growth}_{i,t-1} + \lambda_4 \text{dep}_{i,t-1} + \lambda_5 \text{pota}_{i,t-1} + \lambda_6 \text{indlev}_{i,t-1} \quad (5\text{-}2)$$

接着，将模型（5-2）代入模型（5-1）中，可得到模型（5-3）：

$$\text{lev}_{i,t} = (1-\beta) \text{lev}_{i,t-1} + \beta\lambda_1 \text{size}_{i,t-1} + \beta\lambda_2 \text{roa}_{i,t-1} + \beta\lambda_3 \text{growth}_{i,t-1}$$
$$+ \beta\lambda_4 \text{dep}_{i,t-1} + \beta\lambda_5 \text{pota}_{i,t-1} + \beta\lambda_6 \text{indlev}_{i,t-1} + \varepsilon_{i,t} \quad (5\text{-}3)$$

本章节遵循黄继承等（2016）、郑曼妮等（2018）以及黄俊威和龚光明（2019）的研究方法，对模型（5-3）进行回归估计，由此得到（1-β）以及$\beta\lambda_1 \sim \beta\lambda_6$的值，进而可计算出$\lambda_1 \sim \lambda_6$的值。紧接着，将$\lambda_1 \sim \lambda_6$代入模型（5-2）

中，就可计算出目标资本结构 $\text{lev}^*_{i,t}$ 的数值大小，并将其代入模型（5-1）中。最后，为了考察非控股大股东对公司资本结构动态调整速度的影响，本章节在模型（5-1）的基础上进一步纳入了非控股大股东指标，具体如模型（5-4）所示：

$$\Delta \text{lev}_{i,t} = (\beta_0 + \beta_1 \times \text{ncls}_{i,t}) \times \text{dev}_{i,t} + \varepsilon_{i,t} \qquad (5\text{-}4)$$

其中，$\Delta \text{lev}_{i,t} = \text{lev}_{i,t} - \text{lev}_{i,t-1}$，表示公司 i 在第 t 年的资本结构实际调整程度；$\text{dev}_{i,t} = (\text{lev}^*_{i,t} - \text{lev}_{i,t-1})$，表示公司 i 在第 t-1 年的实际资本结构偏离第 t 年的目标资本结构的程度；$\text{ncls}_{i,t}$ 表示公司 i 在第 t 年的非控股大股东。同前文一致，同时采用是否存在非控股大股东（dum）、非控股大股东的数量（num）以及非控股大股东持股比例之和（ratio）这三个指标来刻画非控股大股东特征。模型（5-4）中非控股大股东与资本结构偏离程度的交互项（$\text{ncls}_{i,t} \times \text{dev}_{i,t}$）的系数 β_1 为主要待估计参数，若假设3.2.1成立，那么其系数估计值应显著为正。

根据本书的假设 3.2.2，相比资本结构向下偏离后向上调整的速度，非控股大股东更有助于加快资本结构向上偏离后向下调整的速度。为此，本章节参照顾研和周强龙（2018）的研究方法，构建了资本结构非对称调整的动态模型，以考察公司在进行不同方向的资本结构调整时，其动态调整的速度是否存在显著差异，具体如模型（5-5）所示：

$$\Delta \text{lev}_{i,t} = \beta_0 + \beta_1 \text{dev}_{i,t} \times D_{i,t}^{above} + \beta_2 \text{dev}_{i,t} \times D_{i,t}^{below} + \beta_3 D_{i,t}^{above} + \varepsilon_{i,t} \qquad (5\text{-}5)$$

其中，$D_{i,t}^{above}$ 为向上偏离哑变量，若公司 i 在第 t-1 年的实际资本结构高于在第 t 年的目标资本结构，取值为1，否则为0；$D_{i,t}^{below}$ 则为向下偏离哑变量，若公司 i 在第 t-1 年的实际资本结构低于在第 t 年的目标资本结构，取值为1，否则为0。其余变量则同模型（5-4）一致。

为了验证本书的假设 3.2.2，也即考察非控股大股东对资本结构动态非对称调整速度的影响，本章节在模型（5-5）的基础上进一步纳入了非控股大股东指标，对应的检验模型如模型（5-6）所示：

$$\Delta \mathrm{lev}_{i,t}=\beta_0+\beta_1 \mathrm{dev}_{i,t} \times D_{i,t}^{above}+\beta_2 \mathrm{dev}_{i,t} \times D_{i,t}^{below}+\beta_3 D_{i,t}^{above}+\beta_4 \mathrm{ncls}_{i,t} \times \mathrm{dev}_{i,t} \times D_{i,t}^{above}$$
$$+\beta_5 \mathrm{ncls}_{i,t} \times \mathrm{dev}_{i,t} \times D_{i,t}^{below}+\beta_6 \mathrm{ncls}_{i,t} \times D_{i,t}^{above}+\beta_7 \mathrm{ncls}_{i,t} \times D_{i,t}^{below}+\varepsilon_{i,t}$$

（5-6）

模型（5-6）中三次交互项 $\mathrm{ncls}_{i,t} \times \mathrm{dev}_{i,t} \times D_{i,t}^{above}$ 的系数 β_4 与 $\mathrm{ncls}_{i,t} \times \mathrm{dev}_{i,t} \times D_{i,t}^{below}$ 的系数 β_5 为主要待估计参数，若本书的假设 3.2.2 成立，那么 β_4 的估计值应显著为正，而 β_5 的估计值不显著异于 0 或至少低于 β_4 的估计值。

为了验证本书的假设 3.2.3，也即国有企业身份会削弱非控股大股东对资本结构动态调整速度的正向影响，本章节在模型（5-4）的基础上进一步纳入了公司产权性质指标，对应的检验模型如模型（5-7）所示：

$$\Delta \mathrm{lev}_{i,t}=(\beta_0+\beta_1 \times \mathrm{ncls}_{i,t} \times \mathrm{soe}_{i,t}) \times \mathrm{dev}_{i,t}+\varepsilon_{i,t} \qquad (5-7)$$

模型（5-7）中非控股大股东、产权性质与资本结构偏离程度的三次交互项（$\mathrm{ncls}_{i,t} \times \mathrm{soe}_{i,t} \times \mathrm{dev}_{i,t}$）的系数 β_1 为主要待估计参数，若本书的假设 3.2.3 成立，那么该系数估计值应显著为负。

表 5-1 变量定义与测度

变量名称	变量符号	变量测度
实际资本结构	lev	资产负债率，即总负债/总资产
资本结构实际调整程度	Δlev	公司当年实际资本结构—上年实际资本结构
资本结构偏离目标程度	dev	公司目标资本结构—上年实际资本结构
向上偏离哑变量	D^{above}	上年的实际资本结构高于当年的目标资本结构取 1，否则为 0

续表

变量名称	变量符号	变量测度
向下偏离哑变量	D^{below}	上年的实际资本结构低于当年的目标资本结构取1，否则为0
非控股大股东	dum	若公司中存在非控股大股东，取值为1，否则为0
	num	公司中非控股大股东的数量
	ratio	公司中非控股大股东持股比例之和
产权性质	soe	国有企业取值为1，否则为0
公司规模	size	总资产的自然对数
盈利能力	roa	净利润/总资产
成长机会	growth	（当年营业收入—上年营业收入）/上年营业收入
非债务税款	dep	固定资产折旧/总资产
有形资产占比	pota	（固定资产净额+存货净额）/总资产
行业的资本结构水平	indlev	公司所在行业的资本结构中位数

5.3 实证结果分析

5.3.1 描述性统计

同第4章一样，本书将本章节样本中非控股大股东数量分布特征的分年度描述结果列示于表5-2，由结果可见，样本公司中普遍存在非控股大股东，如2019年有55.52%的公司存在非控股大股东，其中有34.78%的公司存在1个非控股大股东，有15.16%的公司存在2个非控股大股东，且有5.58%的公司存在至少3个非控股大股东。从总体上来看，2004—2019年样本中存在非控股大股东的公司数量呈现出较为明显的上升趋势，从2004年的564家增加至2019年的1 780家。

表 5-2 样本中非控股大股东数量分布特征的分年度描述[①]

时间	观测值	数量（个）				占比（%）			
		0	1	2	≥3	0	1	2	≥3
2004 年	1 020	456	328	157	79	44.71	32.16	15.39	7.74
2005 年	1 070	468	360	170	72	43.74	33.64	15.89	6.73
2006 年	1 143	549	382	150	62	48.03	33.42	13.12	5.43
2007 年	1 116	588	376	111	41	52.69	33.69	9.95	3.67
2008 年	1 187	637	380	124	46	53.66	32.01	10.45	3.88
2009 年	1 311	746	402	120	43	56.90	30.66	9.15	3.29
2010 年	1 363	794	403	124	42	58.25	29.57	9.10	3.08
2011 年	1 523	885	462	131	45	58.11	30.33	8.60	2.96
2012 年	1 882	1 036	593	188	65	55.05	31.51	9.99	3.45
2013 年	2 160	1 181	686	221	72	54.68	31.76	10.23	3.33
2014 年	2 317	1 298	718	227	74	56.02	30.99	9.80	3.19
2015 年	2 367	1 225	769	270	103	51.75	32.49	11.41	4.35
2016 年	2 458	1 225	801	304	128	49.84	32.59	12.37	5.20
2017 年	2 622	1 269	866	358	129	48.40	33.03	13.65	4.92
2018 年	2 892	1 320	990	431	151	45.64	34.23	14.90	5.23
2019 年	3 206	1 426	1 115	486	179	44.48	34.78	15.16	5.58

表 5-3 列示了各变量的描述性统计结果，结果显示，实际资本结构（lev）的均值为 0.455，这表明样本公司的平均负债水平处于中等水平。lev 的标准差为 0.200，且最大值与最小值分别为 0.869、0.053，相差高达 0.816，这表明不同公司之间的资本结构水平差异明显。资本结构实际调整程度（Δlev）的均值为 0.011，中位数为 0.009，这表明样本公司实际进行资本结构调整的幅度平均而言比较小。Δlev 的标准差为 0.083，且最大值与最小值分别为

[①] 此表数据来自国泰安（CSMAR）数据库或经过计算整理而得，本章其他表格中使用的上市公司股东信息、股权信息、财务数据、股票交易数据均来源于此。

0.803、−0.801，这表明不同公司之间在调整方向及调整幅度上的差异相当明显。资本结构偏离目标程度（dev）的均值为0.011，中位数为0.008，标准差为0.154，且其最大值与最小值分别为0.550、−0.767，这表明样本公司的实际资本结构偏离目标水平的程度平均而言较小，但分布同样较为广泛，与现有研究所得结果较为一致（盛明泉 等，2016；黄继承 等，2016；黄俊威 等，2019；王晓亮 等，2020a；王晓亮 等，2020b）。是否存在非控股大股东（dum）与非控股大股东持股比例之和（ratio）的均值分别为0.490、0.082，非控股大股东的数量（num）的最大值为9.000，此数据情况与第4章节的差异不大，且其余变量的取值亦均在合理范围内，在此不再一一赘述。

表 5-3 各变量描述性统计

变量	观察值	均值	中位数	标准差	最小值	最大值
lev	29 637	0.455	0.459	0.200	0.053	0.869
Δlev	29 637	0.011	0.009	0.083	−0.801	0.803
dev	29 637	0.011	0.008	0.154	−0.767	0.550
dum	29 637	0.490	0.000	0.500	0.000	1.000
num	29 637	0.714	0.000	0.897	0.000	9.000
ratio	29 637	0.082	0.000	0.109	0.000	0.808
size	29 637	21.960	21.790	1.245	19.470	25.710
roa	29 637	0.039	0.035	0.049	−0.147	0.191
growth	29 637	0.209	0.131	0.456	−0.569	3.005
dep	29 637	0.399	0.391	0.184	0.029	0.820
pota	29 637	0.021	0.018	0.015	0.001	0.071
indlev	29 637	0.436	0.409	0.103	0.217	0.690

5.3.2 面板单位根检验

表 5-4 报告了利用 ADF-Fisher 检验和 PP-Fisher 检验对各变量进行面板单位根检验的结果。结果显示，各变量单位根检验的所有统计量结果均拒绝了"序列存在单位根"的原假设，这表明所有变量均通过了平稳性检验，回归分析不存在"伪回归"问题。

表 5-4 面板单位根检验

变量	ADF-Fisher 检验				PP-Fisher 检验			
	P	Z	L^*	P_m	P	Z	L^*	P_m
lev	3 844***	−38.76***	−40.29***	51.15***	1 728***	−5.38***	−6.89***	9.13***
Δlev	9 170***	−78.94***	−100.36***	156.92***	9 325***	−75.42***	−101.71***	159.99***
dev	4 055***	−41.00***	−42.81***	55.34***	1 840***	−8.58***	−9.52***	11.36***
dum	3 954***	−39.19***	−41.68***	53.33***	1 881***	−5.30***	−8.99***	12.18***
num	4 146***	−40.95***	−43.75***	57.15***	2 251***	−8.93***	−13.71***	19.52***
ratio	4 167***	−41.18***	−43.85***	57.57***	2 208***	−9.56***	−13.13***	18.66***
size	3 133***	−29.56***	−30.42***	37.03***	3 518***	−2.07**	−13.50***	44.67***
roa	5 263***	−51.11***	−56.57***	79.33***	3 230***	−25.14***	−28.75***	38.97***
growth	8 608***	−75.19***	−94.11***	145.76***	8 329***	−68.14***	−90.28***	140.21***
dep	4 466***	−44.79***	−47.74***	63.50***	2 323***	−14.31***	−16.91***	20.96***
pota	4 070***	−40.46***	−42.55***	55.64***	1 926***	−8.40***	−9.55***	13.06***
indlev	3 334***	−34.90***	−34.84***	41.02***	2 119***	−3.44***	−8.91***	16.89***

注：P、Z、L^* 和 P_m 代表四种统计量，"*""**"和"***"分别表示 10%、5% 和 1% 的显著性水平。

表 5-5 提供的变量间相关性分析结果显示，资本结构实际调整程度（Δlev）与资本结构偏离目标程度（dev）的 Pearson 相关系数为 0.228，Spearman 相关系数为 0.186，且均在 1% 水平上显著为正，这初步表明了公司确实会朝着目标资本结构的方向进行动态调整。实际资本结构（lev）与公司规模（size）的两种相关系数均在 1% 水平上显著为正，这表明了大规模公司进行债务融资的能力更强，故资产负债率明显更高。而实际资本结构（lev）与盈利能力（roa）的两种相关系数均在 1% 水平上显著为负，这表明了高财务杠杆蕴含的风险将负面影响公司的盈利能力。由于本章节重点关注的是非控股大股东与资本结构偏离程度的交互项（ncls×dev）的系数估计值，且被解释变量（Δlev）与其余控制变量也存在着显著的相关性，本章节的研究假设同样需经过多元回归分析才能得以验证。

第5章 非控股大股东对公司资本结构决策影响的实证分析

表 5-5 Pearson 和 Spearman 相关系数表

变量	lev	Δlev	dev	dum	num	ratio	size	roa	growth	dep	pota	indlev
lev		0.184***	-0.792***	-0.007	-0.013**	0.003	0.403***	-0.386***	0.049***	0.297***	-0.029***	0.378***
Δlev	0.205***		0.186***	0.001	-0.000	0.001	-0.077***	0.006	0.021***	-0.067***	-0.036***	-0.035***
dev	-0.781***	0.228***		-0.002	0.003	0.002	-0.140***	0.266***	-0.042***	-0.192***	-0.035***	-0.227***
dum	-0.007	-0.004	-0.003		0.950***	0.930***	-0.016***	0.007	0.017***	-0.031***	0.001	-0.015***
num	-0.018***	-0.012**	0.006	0.812***		0.953***	-0.017***	0.002	0.022***	-0.032***	-0.002	-0.014***
ratio	0.009	-0.005	0.012**	0.771***	0.860***		0.002	0.001	0.013**	-0.008	0.024***	0.003
size	0.411***	-0.065***	-0.095***	0.007	0.006	0.061***		-0.009	0.057***	0.102***	-0.024***	0.106***
roa	-0.344***	0.020***	0.205***	-0.004	-0.011*	-0.003	0.018***		0.287***	-0.192***	-0.053***	-0.164***
growth	0.062***	0.001	-0.035***	0.029***	0.039***	0.023***	0.053***	0.187***		-0.028***	-0.077***	-0.007
dep	0.300***	-0.076***	-0.172***	-0.036***	-0.036***	0.006	0.123***	-0.155***	-0.034***		0.513***	0.241***
pota	-0.012**	-0.037***	-0.051***	-0.010**	-0.014**	0.033***	0.023***	-0.051***	-0.085***	0.508***		-0.072***
indlev	0.396***	-0.035***	-0.220***	-0.019***	-0.019***	0.009	0.160***	-0.136***	0.020***	0.251***	-0.109***	

注：左下方为 Pearson 相关系数，右上方为 Spearman 相关系数；"*"、"**" 和 "***"，分别表示 10%、5% 和 1% 的显著性水平。

5.3.4 研究假设的实证检验

1. 非控股大股东对资本结构动态调整速度的影响

表 5-6 表明了样本期间内公司资本结构动态调整速度的整体趋势以及非控股大股东的影响效应。从表 5-6 的第（1）列可以看出，资本结构偏离目标程度（dev）的回归系数为 0.347，且在 1% 水平上显著为正，这表明样本公司确实表现出向目标资本结构调整的趋势，且年平均调整速度为 34.7%，资本结构决策符合动态权衡理论的相关预期。本章节主要考察非控股大股东对公司资本结构动态调整速度的影响，即重点关注非控股大股东与资本结构偏离程度的交互项（ncls × dev）的回归系数及其显著性水平。表 5-6 的第（2）～（4）列结果显示，dev 的回归系数始终在 1% 水平上显著为正，交互项 dev × dum、dev × num、dev × ratio 的回归系数分别为 0.044、0.028、0.139，且分别在 1%、1%、5% 的水平上显著为正，这表明当公司中存在非控股大股东时，资本结构动态调整的速度会显著加快，且非控股大股东的数量越多、持股比例之和越高，公司资本结构动态调整速度也就越快，这验证了本书的假设 3.2.1，即非控股大股东能够显著提升公司资本结构动态调整速度。

表 5-6 非控股大股东对资本结构动态调整速度的影响

变量	（1）	（2）	（3）	（4）
dev	0.347***	0.324***	0.325***	0.334***
	（45.611）	（38.800）	（38.259）	（39.386）
dev × dum		0.044***		
		（3.947）		
dev × num			0.028***	
			（3.955）	

续表

变量	（1）	（2）	（3）	（4）
dev × ratio				0.139**
				（2.224）
常数项	0.028**	0.029**	0.030**	0.029**
	（2.289）	（2.412）	（2.524）	（2.400）
公司/行业/年度	控制	控制	控制	控制
样本量	29 637	29 637	29 637	29 637
调整的 R^2	0.163	0.164	0.164	0.163

注："*""**"和"***"分别表示10%、5%和1%的显著性水平；括号内 T 值经公司层面聚类处理，下同。

2. 非控股大股东对资本结构动态非对称调整速度的影响

表5-7表明了样本期间内公司资本结构动态非对称调整速度的整体趋势以及非控股大股东的影响效应。对于资本结构的动态非对称调整速度，表5-7的第（1）列报告了模型（5-5）的回归结果，结果显示，dev × D^{above} 与 dev × D^{below} 的回归系数分别为0.374和0.303，这意味着公司在资本结构向上偏离后向下调整的速度为37.4%，而在资本结构向下偏离后向上调整的速度为30.3%，且 F 检验结果表明两者之间具有显著性差异（F 统计量为12.91，P 值为0.000 3），这些结果表明公司在不同偏离方向上进行资本结构动态调整时具有很强的不对称性，向下调整的速度明显要比向上调整的速度更快，与已有文献基本一致（黄继承 等，2016；盛明泉 等，2016；顾研 等，2018；黄俊威 等，2019）。

本章节主要考察非控股大股东对资本结构动态非对称调整速度的影响，即重点关注交互项 ncls × dev × D^{above} 与 ncls × dev × D^{below} 的回归系数大小以及显著性差异。表5-7的第（2）～（4）列表明了根据模型（5-6）回归所得到的非控股大股东对资本结构动态非对称调整的影响。结果显示，$\text{dev} \times D^{above}$ 的回归系数始终高于 $\text{dev} \times D^{below}$ 的回归系数，$\text{dum} \times \text{dev} \times D^{above}$、$\text{num} \times \text{dev} \times D^{above}$、$\text{ratio} \times \text{dev} \times D^{above}$ 的回归系数分别为0.114、0.068、0.586，且均在1%水平上显著为正；而 $\text{dum} \times \text{dev} \times D^{below}$、$\text{num} \times \text{dev} \times D^{below}$、$\text{ratio} \times \text{dev} \times D^{below}$ 的回归系数均不显著，这些结果表明非控股大股东能够显著加快公司在资本结构向上偏离目标水平时的向下调整速度，而对资本结构向下偏离目标水平时的向上调整速度没有显著的影响，这验证了本书的假设3.2.2，即相比资本结构向下偏离后向上调整的速度，非控股大股东更有助于加快资本结构向上偏离后向下调整的速度。

表5-7 非控股大股东对资本结构动态非对称调整速度的影响

变量	（1）	（2）	（3）	（4）
$\text{dev} \times D^{above}$	0.374***	0.316***	0.323***	0.325***
	（24.576）	（19.307）	（17.219）	（18.741）
$\text{dev} \times D^{below}$	0.303***	0.298***	0.294***	0.310***
	（24.210）	（19.600）	（20.229）	（21.320）
D^{above}	−0.004*	−0.006**	−0.006**	−0.006***
	（−1.805）	（−2.487）	（−2.395）	（−2.602）
$\text{dum} \times \text{dev} \times D^{above}$		0.114***		
		（3.924）		
$\text{dum} \times \text{dev} \times D^{below}$		0.009		
		（0.457）		
$\text{dum} \times D^{above}$		0.000		
		（0.119）		

续表

变量	（1）	（2）	（3）	（4）
$\text{dum} \times D^{\text{below}}$		−0.005*		
		(−1.662)		
$\text{num} \times \text{dev} \times D^{\text{above}}$			0.068***	
			(3.154)	
$\text{num} \times \text{dev} \times D^{\text{below}}$			0.012	
			(1.145)	
$\text{num} \times D^{\text{above}}$			−0.002	
			(−0.989)	
$\text{num} \times D^{\text{below}}$			−0.005***	
			(−2.982)	
$\text{ratio} \times \text{dev} \times D^{\text{above}}$				0.586***
				(3.444)
$\text{ratio} \times \text{dev} \times D^{\text{below}}$				−0.070
				(−0.755)
$\text{ratio} \times D^{\text{above}}$				0.007
				(0.362)
$\text{ratio} \times D^{\text{below}}$				−0.027*
				(−1.685)
常数项	0.034***	0.038***	0.043***	0.040***
	(2.749)	(3.087)	(3.398)	(3.181)
公司/行业/年度	控制	控制	控制	控制
样本量	29 637	29 637	29 637	29 637
调整的 R^2	0.164	0.166	0.169	0.167

3. 产权性质对非控股大股东与资本结构动态调整关系的调节作用

表5-8表明了产权性质对非控股大股东与资本结构动态调整之间关系影响的回归结果。从结果中可见，dev的回归系数始终在1%水平上显著为

正，交互项 dev×dum、dev×num、dev×ratio 的回归系数亦均在 1% 水平上显著为正，再次印证了非控股大股东能够显著提高公司资本结构动态调整速度的结论。更重要的是，三次交互项 dev×dum×soe、dev×num×soe、dev×ratio×soe 的回归系数分别为 -0.074、-0.033、-0.353，且均在 1% 水平上显著为负，这说明国有企业身份会削弱非控股大股东对资本结构动态调整速度的影响，本书的假设 3.2.3 得到验证。

表 5-8 产权性质对非控股大股东与资本结构动态调整关系的调节作用

变量	（1）	（2）	（3）
dev	0.324***	0.325***	0.333***
	(38.701)	(38.531)	(39.325)
dev×dum	0.074***		
	(5.046)		
dev×dum×soe	-0.074***		
	(-4.162)		
dev×num		0.040***	
		(4.466)	
dev×num×soe		-0.033***	
		(-3.050)	
dev×ratio			0.300***
			(3.599)
dev×ratio×soe			-0.353***
			(-3.595)
常数项	0.026**	0.028**	0.027**
	(2.203)	(2.353)	(2.232)
公司/行业/年度	控制	控制	控制
样本量	29 637	29 637	29 637
调整的 R^2	0.165	0.165	0.164

5.4 稳健性检验

5.4.1 内生性检验

在检验非控股大股东对资本结构动态调整速度的影响时，本章节使用的是面板固定效应模型进行回归，因而尽可能地缓解了由不可观测的公司特征导致的内生性问题对本章节结论的影响。但为了进一步缓解由可观测的公司特征导致的选择性偏误问题，接下来本章节将采用倾向评分匹配法（PSM）进行检验。具体而言，本章节借鉴余怒涛等（2023）的做法，根据公司中是否存在非控股大股东，将样本分为两组：处理组（有非控股大股东的公司）与控制组（无非控股大股东的公司），选取公司规模（size）、资产负债率（lev）、盈利能力（roa）以及上市年龄（age）为匹配变量进行倾向得分匹配，以 1∶1 最邻近匹配法为处理组寻找特征相近的控制组样本（具体方法同上一章节），匹配后有效观测值为 22 600 个。

表 5-9 列示了倾向得分匹配的估计结果。首先，由表 5-9 Panel A 可知，配对之前处理组和控制组存在较为明显的特征差异，而配对之后二者的密度曲线几乎重合，也即配对后处理组样本（dum=1）和控制组样本（dum=0）之间尽可能地相似，这验证了共同支撑假设。其次，由表 5-9Panel B 可知，配对之后各匹配变量的组间均值差异均在 5% 以内且不显著，即通过了平衡性检验。在配对结果良好的情况下，本章节基于配对后的子样本重新进行回归，结果列于表 5-9 Panel C。从结果中可见，dev 的回归系数始终在 1% 水平上显著为正，交互项 dev×dum、dev×num、dev×ratio 的回归系数分别为 0.052、0.031、0.138，且均在 5% 水平以上显著为正，结果仍与前文基本保持一致。

表 5-9　内生性检验：倾向得分匹配法（PSM）

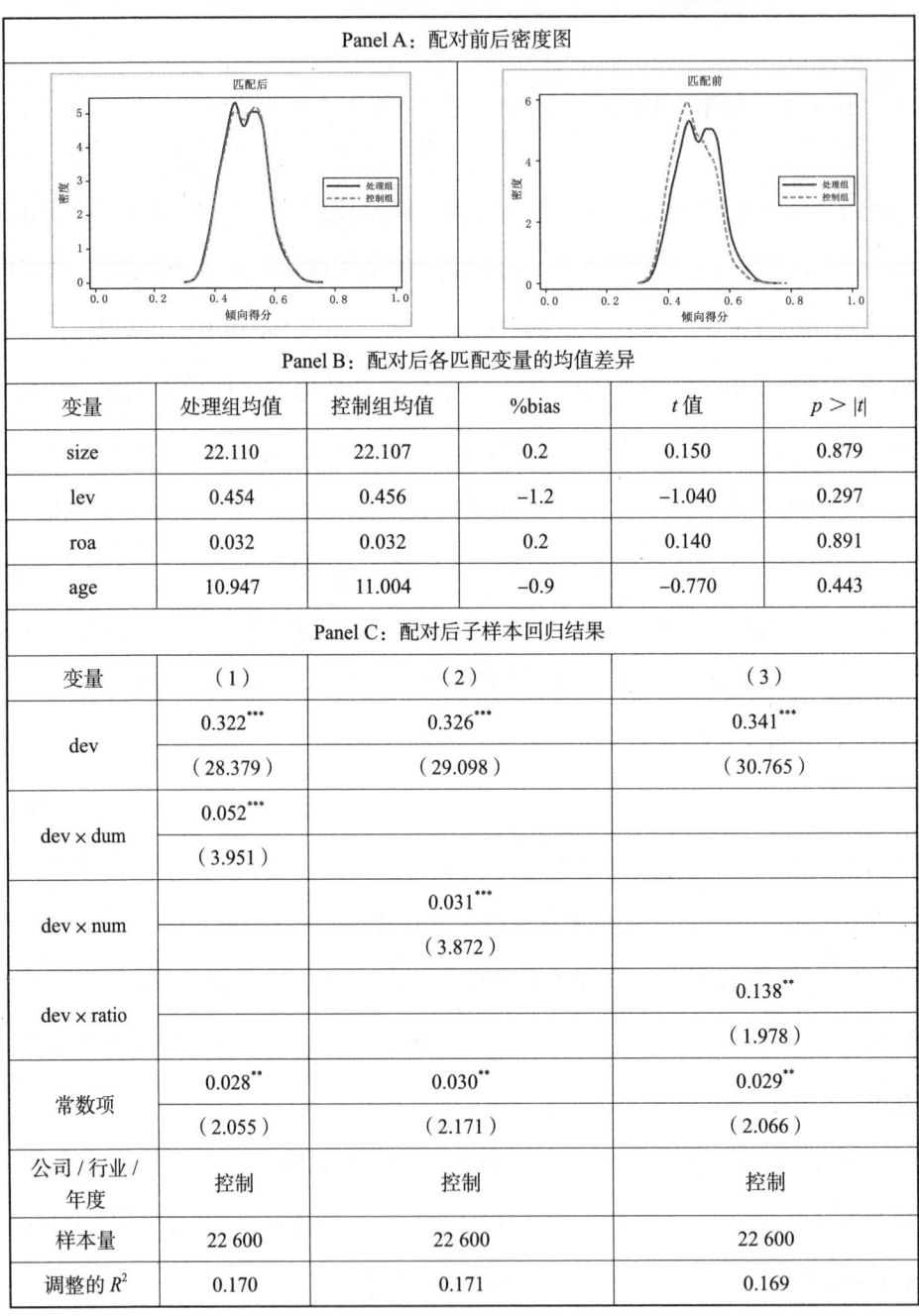

Panel A：配对前后密度图				
\multicolumn{5}{c}{（匹配后 / 匹配前 密度图）}				
\multicolumn{5}{c}{Panel B：配对后各匹配变量的均值差异}				
变量	处理组均值	控制组均值	%bias	t 值	$p>\|t\|$
size	22.110	22.107	0.2	0.150	0.879
lev	0.454	0.456	−1.2	−1.040	0.297
roa	0.032	0.032	0.2	0.140	0.891
age	10.947	11.004	−0.9	−0.770	0.443
\multicolumn{5}{c}{Panel C：配对后子样本回归结果}				
变量	（1）	（2）	（3）	
dev	0.322***	0.326***	0.341***	
	（28.379）	（29.098）	（30.765）	
dev × dum	0.052***			
	（3.951）			
dev × num		0.031***		
		（3.872）		
dev × ratio			0.138**	
			（1.978）	
常数项	0.028**	0.030**	0.029**	
	（2.055）	（2.171）	（2.066）	
公司/行业/年度	控制	控制	控制	
样本量	22 600	22 600	22 600	
调整的 R^2	0.170	0.171	0.169	

（表中 Panel B 列标题为："变量"、"处理组均值"、"控制组均值"、"%bias"、"t 值"、"$p>\|t\|$"）

132

5.4.2 其他稳健性检验

1. 剔除资本结构动态调整中的机械调整部分

从模型（5-1）的设计来看，此标准部分调整模型实际上可能同时包含了主动调整与机械调整这两类不同方式的资本结构动态调整（迈克尔·福肯德 等，2012；黄继承 等，2016；黄俊威 等，2019）。其中，主动调整指的是公司采取一系列措施（如发行新股或债券、回购股票、派发现金股利、偿还或追加银行借款等）主动地进行资本结构调整，机械调整则指的是公司年度经营实现的利润或发生的亏损也会使得资本结构的期末值与期初值之间存在一定的差异，进而导致公司的资本结构发生机械性变化，此时采用模型（5-1）进行回归仍可能会得到显著异于0的调整速度。

考虑到机械调整并未涉及调整成本，故只有主动调整才是动态权衡理论所需探讨的问题。因此，参照现有文献的研究方法（迈克尔·福肯德 等，2012；黄俊威 等，2019），本章节将上市公司资本结构的调整严格地区分为机械调整与主动调整，并在模型（5-1）的基础上做出调整，由此得到模型（5-8）：

$$\text{lev}_{i,t}-\text{levp}_{i,t-1}=\beta(\text{lev}^*_{i,t}-\text{levp}_{i,t-1})+\varepsilon_{i,t} \quad (5-8)$$

其中，$\text{levp}_{i,t-1}$表示机械调整部分，借鉴张博等（2021）的研究方法，$\text{levp}_{i,t-1}$的计算公式如下：

$$\text{levp}_{i,t-1}=\text{debt}_{i,t-1}/(\text{asset}_{i,t-1}-\text{NP}_{i,t-1}) \quad (5-9)$$

其中，$\text{debt}_{i,t-1}$表示公司i在第$t-1$年的总负债；$\text{asset}_{i,t-1}$表示公司i在第$t-1$年的总资产；$\text{NP}_{i,t-1}$表示公司i在第$t-1$年的净利润。从模型（5-9）中不难发现，若公司未主动进行资金借贷融通活动对资本结构进行调整（即净融资额为0），那

么公司 i 在第 t 年的资本结构水平将为 $\text{levp}_{i,t-1}$。由此可得，$\text{lev}_{i,t}-\text{levp}_{i,t-1}$ 代表的是主动调整部分。

本章节重点考察非控股大股东是否以及如何影响公司主动（而非机械）的资本结构调整行为。故在模型（5-4）的基础上做出调整，由此得到模型（5-10）：

$$\text{lev}_{i,t}-\text{levp}_{i,t-1}=(\beta_0+\beta_1 \times \text{ncls}_{i,t}) \times \text{dev2}_{i,t}+ \varepsilon_{i,t} \quad (5-10)$$

其中，$\text{dev2}=\text{lev}^*_{i,t}-\text{levp}_{i,t-1}$ 表示公司目标资本结构在剔除机械调整部分后得到的差。如果非控股大股东能够显著提升公司主动调整资本结构的速度，那么模型（5-10）中 $\text{ncls}_{i,t} \times \text{dev2}_{i,t}$ 的系数 β_1 应显著为正。

表 5-10 表明了非控股大股东如何影响主动的资本结构动态调整的回归结果。结果显示，dev2 的回归系数始终在 1% 水平上显著为正，这表明样本公司的确存在着趋向目标资本结构的主动调整行为。交互项 dev2 × dum、dev2 × num、dev2 × ratio 的回归系数分别为 0.049、0.028、0.139，且均在且分别在 1%、1%、5% 水平上显著为正，这说明非控股大股东确实有助于加快公司主动进行资本结构调整的速度，本章节的研究结论依然成立。

表 5-10　其他稳健性测试（1）：剔除资本结构动态调整中的机械调整部分

变量	（1）	（2）	（3）
	被解释变量：$\text{lev}_{i,t}-\text{levp}_{i,t-1}$		
dev2	0.351***	0.354***	0.364***
	(37.555)	(37.364)	(37.995)
dev2 × dum	0.049***		
	(4.235)		
dev2 × num		0.028***	
		(3.993)	

续表

变量	（1）	（2）	（3）
	被解释变量：$lev_{i,t}-levp_{i,t-1}$		
dev2 × ratio			0.139**
			（2.194）
常数项	0.037***	0.038***	0.037***
	（3.058）	（3.153）	（3.033）
公司/行业/年度	控制	控制	控制
样本量	29 637	29 637	29 637
调整的 R^2	0.185	0.185	0.184

2. 控制影响目标资本结构的公司治理层面变量

在前文模型（5-2）的设定中，本章节仅控制了公司特征变量以及公司、行业和年度固定效应对目标资本结构（$lev^*_{i,t}$）的影响。然而，亦有不少研究表明，公司治理水平也是影响上市公司资本结构及其优化问题的深层次原因（盛明泉 等，2016；黄俊威 等，2019；王晓亮 等，2020a；王晓亮 等，2020b）。因此，为了增强研究结论的可靠性，本章节参照上述文献研究，进一步对高管薪酬水平（mpay：高级管理人员前三名薪酬总额的自然对数）、控股股东持股比例（first：控股股东持股比例，当存在一致行动人时，将一致行动人持股比例合并计算）、独董比例（indep：独立董事人数/董事人数）、产权性质（soe：国有企业取值为1，否则为0）等公司治理指标加以控制，并在此基础上重新测算目标资本结构，进而计算出资本结构偏离目标程度（dev3），再重新进行回归，回归结果列示于表5-11。结果显示，dev3的回归系数始终在1%水平上显著为正；交互项 dev3 × dum、dev3 × num、dev3 × ratio 的回归系数分别为0.047、0.037、0.228，且均在1%水平上显著为正，这表明在进一步控制公司治理层面变量对资本结构调整的影响后，本章节的研究结论依然成立。

表 5-11　其他稳健性测试（2）：控制影响目标资本结构的公司治理层面变量

变量	（1）	（2）	（3）
dev3	0.357***	0.353***	0.362***
	（39.081）	（38.019）	（39.155）
dev3 × dum	0.047***		
	（4.210）		
dev3 × num		0.037***	
		（5.053）	
dev3 × ratio			0.228***
			（3.548）
常数项	0.025	0.028	0.026
	（1.260）	（1.422）	（1.285）
公司/行业/年度	控制	控制	控制
样本量	26 921	26 921	26 921
调整的 R^2	0.176	0.177	0.176

3. 排除去杠杆政策的影响

自 2015 年 12 月以来，中央及各部委就去杠杆问题密集出台了多个政策文件。去杠杆政策的出台，目的在于严格控制我国经济中债务规模的过快增长，以期实现经济长期的持续增长。微观企业作为市场经济活动最重要的参与主体，自然是去杠杆政策落地的核心领域。因此，我国强制性去杠杆工作的实施，必然也会对公司的资本结构决策产生影响。为了进一步排除去杠杆政策对本章节研究结果的影响，本章节仅就去杠杆政策实施之前的样本进行检验，即将研究样本期间限定在 2004—2015 年，对模型（5-4）重新进行回归，回归结果列示于表 5-12。结果显示，dev 的回归系数始终在 1% 水平上显著为正；交互项 dev×dum、dev×num、dev×ratio 的回归系数分别为 0.053、0.033、0.178，且分别在 1%、1%、5% 水平上显著为正，结果仍与前文保持一致。总体而言，以上稳健性检验结果证实了本章节的研究结论具有较强的可靠性和说服力。

表 5-12　其他稳健性测试（3）：排除去杠杆政策的影响

变量	（1）	（2）	（3）
dev	0.372***	0.373***	0.382***
	(31.393)	(30.354)	(30.945)
dev×dum	0.053***		
	(3.283)		
dev×num		0.033***	
		(3.324)	
dev×ratio			0.178**
			(2.044)
常数项	0.036***	0.038***	0.036***
	(2.658)	(2.763)	(2.644)
公司/行业/年度	控制	控制	控制
样本量	18 459	18 459	18 459
调整的 R^2	0.178	0.178	0.177

5.5　进一步研究

上市公司在制定融资决策时，不仅要考虑资金来源的问题（即选择债务资金或权益资金），还要对债务资金的类型、期限结构、成本等进行评价和选择，其中，债务期限结构的选择被视为公司融资决策整体的重要组成部分。结合我国上市公司的实际情况来看，债务融资期限普遍较短，而以短期负债占主导地位的债务期限结构会恶化公司的财务状况并加剧财务风险（钟凯 等，2016），严重时还会引发流动性危机甚至引致公司破产（拉达克里希南·戈帕兰 等，2014；钟凯 等，2019）。前文结果已证实非控股大股东有助于加快公司总体资本结构的动态调整速度，且出于风险规避动机，在总体资本结构偏离目标水平的不同方向上，非控股大股东的治理效应也会呈现出非对称性。至此，令人感兴趣的是，非控股大股东对短期资本结构和长期资本结构动态调整速度的影响是否存在差异？在二者偏离目标水平的不同方向上，非控股大股东的治理效应是否也会呈现出非对称性？

为了考察非控股大股东分别对短期资本结构动态调整和长期资本结构动态调整的影响，采用以下两个模型进行估计：

$$\Delta levs_{i,t}=(\beta_0+\beta_1 \times ncls_{i,t}) \times devs_{i,t}+\varepsilon_{i,t} \tag{5-11}$$

$$\Delta levl_{i,t}=(\beta_0+\beta_1 \times ncls_{i,t}) \times devl_{i,t}+\varepsilon_{i,t} \tag{5-12}$$

其中，$\Delta levs_{i,t}=levs_{i,t}-levs_{i,t-1}$，$\Delta levl_{i,t}=levl_{i,t}-levl_{i,t-1}$，分别表示公司$i$在第$t$年的短期和长期资本结构实际调整程度；$devs_{i,t}=(levs^*_{i,t}-levs_{i,t-1})$，$devl_{i,t}=(levl^*_{i,t}-levl_{i,t-1})$，分别表示公司$i$在第$t-1$年的短期和长期实际资本结构偏离第$t$年的目标资本结构的程度。借鉴王晓亮和邓可斌（2020a；2020b）的做法，短期资本结构用短期负债除以总资产度量，长期资本结构用长期负债除以总资产度量。模型（5-11）中$ncls_{i,t} \times devs_{i,t}$的系数$\beta_1$以及模型（5-12）中$ncls_{i,t} \times devl_{i,t}$的系数$\beta_1$为主要待估计参数。

更进一步地，为了考察非控股大股东分别对短期资本结构非对称动态调整和长期资本结构非对称动态调整的影响，采用以下两个模型进行估计：

第5章 非控股大股东对公司资本结构决策影响的实证分析

$$\Delta\text{levs}_{i,t}=\beta_0+\beta_1\text{devs}_{i,t}\times D_{s,i,t}^{\text{above}}+\beta_2\text{devs}_{i,t}\times D_{s,i,t}^{\text{below}}+\beta_3 D_{s,i,t}^{\text{above}}$$
$$+\beta_4\text{ncls}_{i,t}\times\text{devs}_{i,t}\times D_{s,i,t}^{\text{above}}+\beta_5\text{ncls}_{i,t}\times\text{devs}_{i,t}\times D_{s,i,t}^{\text{below}}$$
$$+\beta_6\text{ncls}_{i,t}\times D_{s,i,t}^{\text{above}}+\beta_7\text{ncls}_{i,t}\times D_{s,i,t}^{\text{below}}+\varepsilon_{i,t} \quad (5\text{-}13)$$

$$\Delta\text{levl}_{i,t}=\beta_0+\beta_1\text{devl}_{i,t}\times D_{l,i,t}^{\text{above}}+\beta_2\text{devl}_{i,t}\times D_{l,i,t}^{\text{above}}+\beta_3 D_{l,i,t}^{\text{above}}$$
$$+\beta_4\text{ncls}_{i,t}\times\text{devl}_{i,t}\times D_{l,i,t}^{\text{above}}+\beta_5\text{ncls}_{i,t}\times\text{devl}_{i,t}\times D_{l,i,t}^{\text{above}}$$
$$+\beta_6\text{ncls}_{i,t}\times D_{l,i,t}^{\text{above}}+\beta_7\text{ncls}_{i,t}\times D_{l,i,t}^{\text{above}}+\varepsilon_{i,t} \quad (5\text{-}14)$$

其中，$D_{s,i,t}^{\text{above}}$为短期向上偏离哑变量；$D_{i,t}^{\text{below}}$为短期向下偏离哑变量；$D_{l,i,t}^{\text{above}}$为长期向上偏离哑变量；$D_{i,t}^{\text{below}}$为长期向下偏离哑变量；其余变量同上。模型（5-13）中$\text{ncls}_{i,t}\times\text{devs}_{i,t}\times D_{s,i,t}^{\text{above}}$的系数$\beta_4$与$\text{ncls}_{i,t}\times\text{devs}_{i,t}\times D_{s,i,t}^{\text{below}}$的系数$\beta_5$以及模型（5-14）中$\text{ncls}_{i,t}\times\text{devl}_{i,t}\times D_{l,i,t}^{\text{above}}$的系数$\beta_4$与$\text{ncls}_{i,t}\times\text{devl}_{i,t}\times D_{l,i,t}^{\text{above}}$的系数$\beta_5$为主要待估计参数。

表5-13的第（1）～（3）列和第（4）～（6）列分别是非控股大股东对短期资本结构与长期资本结构动态调整影响的回归结果，devs与devl的回归系数均在1%水平上显著为正，这表明样本公司的短期和长期资本结构决策均符合动态权衡理论的相关预期，都会趋向目标水平进行动态调整，这一结果与王晓亮和邓可斌（2020a；2020b）一致。devs×dum、devs×num、devs×ratio的回归系数分别为0.032、0.029、0.142，且分别在1%、1%、5%水平上显著为正；而devl×dum的回归系数为正但不显著，devl×num、devl×ratio的回归系数则分别为0.020、0.121，且分别在5%和10%水平上显著为正，这表明非控股大股东有助于加快短期资本结构和长期资本结构的动态调整速度，但相比长期资本结构，非控股大股东对短期资本结构动态调整速度的提升作用更为明显。

表5-14第（1）～（3）列和第（4）～（6）列分别是非控股大股东对短期资本结构与长期资本结构动态非对称调整影响的回归结果，结果显示，devs×D^{above}与devs×D^{below}的回归系数均在1%水平上显著为正，且devs×D^{above}的回归系数比devs×D^{below}的回归系数更高；devl×D^{above}与devl×D^{below}的回归系数均在1%水平上显著为正，且devl×D^{above}的回归系数比devl×D^{below}的回归系数更高（除了表5-14的第（4）列的结果以外），这表明公司在不同方向上进行短期资本结构和长期资本结构动态调整时均存在不对称性，向下调整速度明显比向上调整速度更快。从表5-14的第（1）～（3）列的结果来看，dum×devs×D_s^{above}、num×devs×D_s^{above}、ratio×devs×D_s^{above}的回归系数分别为0.073、0.074、0.536，且均在1%水平上显著为正；而dum×devs×D_s^{below}、num×devs×D_s^{below}、ratio×devs×D_s^{below}的回归系数均不显著，这表明非控股大股东能够显著加快公司在短期资本结构向上偏离目标水平时的向下调整速度，而对短期资本结构向下偏离目标水平时的向上调整速度的影响不显著。从表5-14第（4）～（6）列的结果来看，尽管ratio×devl×D_l^{above}的回归系数不显著，但dum×devl×D_l^{above}、num×devl×D_l^{above}的回归系数分别为0.050、0.028，且均在10%水平上显著为正，而dum×devl×D_l^{below}、num×devl×D_l^{below}、ratio×devl×D_l^{below}的回归系数均不显著，这表明非控股大股东一定程度上能够加快公司在长期资本结构向上偏离目标水平时的向下调整速度，而对长期资本结构向下偏离目标水平时的向上调整速度的影响不显著。

从整体上进行对比分析来看，可以推断，非控股大股东对公司资本结构动态调整速度的影响主要是通过加速降低短期实际资本结构向上偏离目标水平的程度而实现的，这一定程度上也揭示了非控股大股东确实会对短期向上偏离引致的诸多风险较为敏感,因而会更加重视对短期资本结构的优化,最终表现为非控股大股东对短期向上偏离目标资本结构的治理作用更加显著。

表 5-13 非控股大股东对资本结构动态调整的影响:区分短期资本结构和长期资本结构

变量	(1)	(2)	(3)	变量	(4)	(5)	(6)
	被解释变量:Δlevs				被解释变量:Δlevl		
devs	0.390***	0.384***	0.394***	devl	0.460***	0.457***	0.461***
	(40.931)	(38.873)	(40.373)		(38.789)	(42.632)	(42.008)
devs × dum	0.032***			devl × dum	0.024		
	(2.828)				(1.595)		
devs × num		0.029***		devl × num		0.020**	
		(3.683)				(2.351)	
devs × ratio			0.142**	devl × ratio			0.121*
			(2.108)				(1.663)
常数项	0.027*	0.028**	0.027**	常数项	−0.002	−0.001	−0.002
	(1.959)	(2.051)	(1.971)		(−0.161)	(−0.134)	(−0.153)
公司/行业/年度	控制	控制	控制	公司/行业/年度	控制	控制	控制
样本量	29 637	29 637	29 637	样本量	29 637	29 637	29 637
调整的 R^2	0.202	0.203	0.202	调整的 R^2	0.225	0.225	0.225

表 5-14 非控股大股东对资本结构动态非对称调整的影响:区分短期资本结构和长期资本结构

变量	(1)	(2)	(3)	变量	(4)	(5)	(6)
	被解释变量:Δlevs				被解释变量:Δlevl		
devs × D_s^{above}	0.392***	0.376***	0.385***	devl × D_a^{bove}	0.429***	0.433***	0.439***
	(22.630)	(19.738)	(21.152)		(22.348)	(24.609)	(24.773)
devs × D_s^{below}	0.360***	0.353***	0.360***	devl × D_l^{below}	0.431***	0.418***	0.421***
	(20.981)	(21.918)	(22.277)		(17.645)	(18.291)	(18.098)
D_s^{above}	−0.004*	−0.006***	−0.007***	D_l^{above}	−0.007***	−0.006***	−0.006***
	(−1.726)	(−2.591)	(−2.895)		(−3.463)	(−3.573)	(−3.557)
dum × devs × D_s^{above}	0.073***			dum × devl × D_l^{above}	0.050*		
	(2.649)				(1.759)		

续表

变量	（1）	（2）	（3）	变量	（4）	（5）	（6）
	被解释变量：Δlevs				被解释变量：Δlevl		
dum × devs × D_s^{below}	−0.010			dum × devl × D_l^{below}	−0.016		
	（−0.483）				（−0.557）		
dum × D_s^{above}	−0.001			dum × D_l^{above}	−0.000		
	（−0.152）				（−0.061）		
dum × D_s^{below}	−0.001			dum × D_l^{below}	−0.001		
	（−0.385）				（−0.410）		
num × devs × D_s^{above}		0.074***		num × devl × D_l^{above}		0.028*	
		（3.680）				（1.708）	
num × devs × D_s^{below}		0.003		num × devl × D_l^{below}		0.006	
		（0.301）				（0.342）	
num × D_s^{above}		−0.001		num × D_l^{above}		−0.000	
		（−0.362）				（−0.106）	
num × D_s^{below}		−0.004**		num × D_l^{below}		−0.000	
		（−2.387）				（−0.290）	
ratio × devs × D_s^{above}			0.536***	ratio × devl × D_l^{above}			0.172
			（3.164）				（1.329）
ratio × devs × D_s^{below}			−0.056	ratio × devl × D_l^{below}			0.022
			（−0.555）				（0.137）
ratio × D_s^{above}			0.013	ratio × D_l^{above}			−0.007
			（0.712）				（−0.616）
ratio × D_s^{below}			−0.024	ratio × D_l^{below}			−0.007
			（−1.626）				（−0.718）
常数项	0.034**	0.040***	0.038***	常数项	0.002	0.002	0.003
	（2.474）	（2.842）	（2.644）		（0.241）	（0.239）	（0.270）
公司/行业/年度	控制	控制	控制	公司/行业/年度	控制	控制	控制
样本量	29 637	29 637	29 637	样本量	29 637	29 637	29 637
调整的 R^2	0.204	0.207	0.205	调整的 R^2	0.226	0.226	0.226

5.6 本章小结

融资决策同样是公司财务决策最核心的内容之一，其中资本结构是公司融资决策的核心，非控股大股东是否影响公司资本结构决策以及如何影响是本章节的研究重点。本章选取 2004—2019 年我国 A 股上市公司作为研究样本，采用公司资本结构动态调整速度来刻画公司资本结构决策的动态过程，并以是否存在非控股大股东、非控股大股东的数量以及非控股大股东持股比例之和这三个指标来刻画非控股大股东特征，实证检验了非控股大股东与公司资本结构动态调整速度之间的关系，研究发现：

第一，当上市公司中存在非控股大股东时，公司资本结构动态调整的速度会显著加快，且非控股大股东的数量越多、持股比例之和越高，公司资本结构动态调整速度越快，这表明非控股大股东能够显著提升公司资本结构动态调整速度。

第二，在区分实际资本结构的不同偏离方向及调整方式后发现，相比资本结构向下偏离后向上调整的速度，非控股大股东更显著加快了资本结构向上偏离后向下调整的速度，这表明非控股大股东对公司资本结构动态调整速度的治理效应呈现出非对称性。

第三，基于我国特殊的经济体制背景，本章进一步引入公司的产权性质作为调节变量，研究发现国有企业身份会显著削弱非控股大股东对资本结构动态调整速度的治理作用。

第四，在上述基本检验结果的基础上，本章还通过运用倾向得分匹配法（PSM）缓解潜在的内生性问题，并通过剔除资本结构动态调整中的机械调整部分、控制影响目标资本结构的公司治理层面变量以及将样本期缩短至 2015

年及之前以排除去杠杆政策的影响进行了其他稳健性检验。结果表明，本章研究结论具有一定的可靠性。

第五，进一步地，本章对短期和长期资本结构进行细化区分，考察非控股大股东对短期和长期资本结构动态调整速度的影响是否存在差异，以及在二者偏离目标水平的不同方向上，非控股大股东的治理效应是否会呈现出非对称性，结果发现非控股大股东对公司资本结构动态调整速度的影响主要是通过加速降低短期实际资本结构向上偏离目标水平的程度而实现的。

第6章　非控股大股东对公司投融资期限错配影响的实证分析

6.1　样本选择与数据来源

为了保持全书的连贯性与一致性，本章节的样本筛选程序与第4章的基本一致，具体如下：选取2004—2019年我国沪深A股上市公司作为初始研究样本，并借鉴与本章节主题相关的研究经验，执行以下筛选程序：第一，剔除金融保险类上市公司；第二，剔除被冠名ST、*ST、PT及退市等特别处理的公司；第三，在对一致行动人的持股进行汇总之后，剔除第一大股东持股比例小于5%的样本；第四，剔除关键数据缺失的观察值。由于本章节的关键变量与第4章、第5章有所不同，在剔除关键数据存在缺失的观测值之后，最终取得有效观测值30 013个。

本章节的行业分类依据中国证监会的《上市公司行业分类指引》（2012年修订）严格执行，除了制造业"C"字头代码取前2位以外，其他行业取第1位代码分类。此外，本章在数据分析时做出了如下处理：为了缓和离群值造成的偏误，对所有的连续变量进行双向1%缩尾处理；为了缓解异方差对回归系数标准误的影响，所有回归结果均在公司层面进行了聚类处理。

6.2 计量模型与变量定义

为了检验假设3.3.1，本章节借鉴以往相关文献（钟凯 等，2016；赖黎 等，2019；罗宏 等，2021；陈晓辉 等，2021），构建了如下回归模型：

$$\text{sfli}_{i,t}=\gamma_0+\gamma_1\text{ncls}_{i,t}+\gamma_2\text{size}_{i,t}+\gamma_3\text{lev}_{i,t}+\gamma_4\text{roa}_{i,t}+\gamma_5\text{Tobin}Q_{i,t}+\gamma_6\text{growth}_{i,t}+\gamma_7\text{dual}_{i,t}$$
$$+\gamma_8\text{indep}_{i,t}+\gamma_9\text{hhi}_{i,t}+\gamma_{10}\text{age}_{i,t}+\gamma_{11}\text{first}_{i,t}+\sum\text{industry}+\sum\text{year}+\varepsilon_{i,t} \quad (6-1)$$

其中，被解释变量$\text{sfli}_{i,t}$表示公司i在第t年的投融资期限错配程度。基于默里·弗兰克和维丹·戈亚尔（2004）对资金缺口（financing deficit）的测度方法，钟凯等（2016）采用公司长期资金支持长期投资的"缺口"构建了公司层面的短贷长投变量用以测度公司的投融资期限错配程度，后续诸多研究参照这一做法测度公司的投融资期限错配程度（赖黎 等，2019；罗宏 等，2021；陈晓辉 等，2021；汪伟 等，2022）。本章节亦借鉴了这一做法，具体计算公式为：sfli=[购建固定资产、无形资产和其他长期资产支付的现金-（长期借款本期增加额+本期权益增加额+经营活动产生的现金流量净额+处置固定资产、无形资产和其他长期资产收回的现金净额）]/上年总资产，其中，长期借款本期增加额=本期长期借款金额+一年内到期的非流动负债-前期长期借款金额。主要解释变量$\text{ncls}_{i,t}$表示公司i在第t年的非控股大股东，同前文一致，同时采用是否存在非控股大股东（dum）、非控股大股东的数量（num）以及非控股大股东持股比例之和（ratio）这三个指标来刻画非控股大股东特征。其余变量为可能对公司投融资期限错配产生影响的财务特征与公司治理变量，具体定义及测度详见表6-1，$\sum\text{industry}$和$\sum\text{year}$分别代表行业和年度固定效应，$\varepsilon_{i,t}$代表随机扰动项。模型（6-1）中$\text{ncls}_{i,t}$的系数γ_1为主要待估计参数，若假设3.3.1成立，那么其系数估计值应该显著为负。

为了检验假设 3.3.2 与假设 3.3.3，本章节构建了如下回归模型：

$$\text{sfli}_{i,t}=\gamma_0+\gamma_1\text{ncls}_{i,t}+\gamma_2\text{collater}_{i,t}+\gamma_3\text{ncls}_{i,t}\times\text{collater}_{i,t}+\gamma_4\text{size}_{i,t}+\gamma_5\text{lev}_{i,t}+\gamma_6\text{roa}_{i,t}$$
$$+\gamma_7\text{Tobin}Q_{i,t}+\gamma_8\text{growth}_{i,t}+\gamma_9\text{dual}_{i,t}+\gamma_{10}\text{indep}_{i,t}+\gamma_{11}\text{hhi}_{i,t}+\gamma_{12}\text{age}_{i,t}+\gamma_{13}\text{first}_{i,t}$$
$$+\sum\text{industry}+\sum\text{year}+\varepsilon_{i,t} \quad (6-2)$$

$$\text{sfli}_{i,t}=\gamma_0+\gamma_1\text{ncls}_{i,t}+\gamma_2\text{tover}_{i,t}+\gamma_3\text{ncls}_{i,t}\times\text{tover}_{i,t}+\gamma_4\text{size}_{i,t}+\gamma_5\text{lev}_{i,t}+\gamma_6\text{roa}_{i,t}$$
$$+\gamma_7\text{Tobin}Q_{i,t}+\gamma_8\text{growth}_{i,t}+\gamma_9\text{dual}_{i,t}+\gamma_{10}\text{indep}_{i,t}+\gamma_{11}\text{hhi}_{i,t}+\gamma_{12}\text{age}_{i,t}+\gamma_{13}\text{first}_{i,t}$$
$$+\sum\text{industry}+\sum\text{year}+\varepsilon_{i,t} \quad (6-3)$$

其中，模型（6-2）中的 $\text{collater}_{i,t}$ 表示公司 i 在第 t 年的资产可抵押性，本章节基于海托尔·阿尔梅达和穆里略·坎佩洛（2007）的模型计算公司的资产可抵押性，公式为：collater=货币资金/总资产+0.715×（应收账款/总资产）+0.547×（存货/总资产）+0.535×（固定资产/总资产）。其余变量则同模型（6-1）一致。模型（6-2）中非控股大股东与资产可抵押性的交互项（$\text{ncls}_{i,t}\times\text{collater}_{i,t}$）的系数为主要待估计参数，若假设3.3.2成立，那么其系数估计值应显著为正。

模型（6-3）中的 $\text{tover}_{i,t}$ 表示公司 i 在第 t 年的股票流动性，本章节参照苏冬蔚和熊家财（2013）的方法，采用年内日均换手率这一指标进行测度，数据来源于国泰安（CSMAR）数据库。其余变量仍同模型（6-1）一致。模型（6-3）中非控股大股东与股票流动性的交互项（$\text{ncls}_{i,t}\times\text{tover}_{i,t}$）的系数为主要待估计参数，若假设 3.3.3 成立，那么其系数估计值应显著为负。

表 6-1 变量定义与测度

变量名称	变量符号	变量测度
公司投融资期限错配	sfli	[购建固定资产、无形资产和其他长期资产支付的现金 - (长期借款本期增加额 + 本期权益增加额 + 经营活动产生的现金流量净额 + 处置固定资产、无形资产和其他长期资产收回的现金净额)] / 上年总资产
	dum_sfli	哑变量，若 sfli 大于 0，取值为 1，否则为 0
非控股大股东	dum	若公司中存在非控股大股东，取值为 1，否则为 0
	num	公司中非控股大股东的数量
	ratio	公司中非控股大股东持股比例之和
资产可抵押性	collater	货币资金 / 总资产 + 0.715 × (应收账款 / 总资产) + 0.547 × (存货 / 总资产) + 0.535 × (固定资产 / 总资产)
股票流动性	tover	年内日均换手率
公司规模	size	总资产的自然对数
资产负债率	lev	总负债 / 总资产
盈利能力	roa	净利润 / 总资产
投资机会	TobinQ	(股票年末总市值 + 负债年末账面价值) / 期末总资产
成长性	growth	(当年营业收入 - 上年营业收入) / 上年营业收入
两职合一	dual	董事长兼任 CEO 取值为 1，否则为 0
独立董事	indep	独立董事人数 / 董事人数
行业集中度	hhi	行业内所有公司以销售额衡量的市场占有率的平方和
上市年龄	age	截至当期的上市年限
控股股东持股	first	控股股东持股比例，当存在一致行动人时，将一致行动人持股比例合并计算

6.3 实证结果分析

6.3.1 描述性统计

同第 4 章、第 5 章一样，本书将本章节样本中非控股大股东分布特征的分年度描述结果列示于表 6-2。由结果可见，样本公司中普遍存在非控股大股东，如 2019 年有 56.11% 的公司存在非控股大股东，其中有 34.78% 的公司存在 1 个非控股大股东，有 15.41% 的公司存在 2 个非控股大股东，且有 5.92% 的公司存在至少 3 个非控股大股东。从总体上来看，2004—2019 年样本中存在非控股大股东的公司数量呈现出明显的上升趋势，从 2004 年的 278 家增加至 2019 年的 1 828 家。

表6-2 样本中非控股大股东分布特征的分年度描述 a

时间	观测值	数量/个 0	1	2	≥3	占比/% 0	1	2	≥3
2004 年	493	215	163	76	39	43.61	33.06	15.42	7.91
2005 年	860	376	287	135	62	43.72	33.37	15.70	7.21
2006 年	1 048	506	358	133	51	48.28	34.16	12.69	4.87
2007 年	1 103	567	373	116	47	51.41	33.82	10.52	4.25
2008 年	1 251	649	408	143	51	51.88	32.61	11.43	4.08
2009 年	1 337	753	414	133	37	56.32	30.96	9.95	2.77
2010 年	1 472	830	441	147	54	56.39	29.96	9.99	3.66
2011 年	1 838	990	585	187	76	53.86	31.83	10.17	4.14
2012 年	2 100	1 114	672	233	81	53.05	32.00	11.10	3.85
2013 年	2 228	1 206	705	238	79	54.13	31.64	10.68	3.55
2014 年	2 224	1 232	691	227	74	55.40	31.07	10.21	3.32
2015 年	2 312	1 181	758	270	103	51.08	32.79	11.68	4.45
2016 年	2 511	1 255	822	308	126	49.98	32.74	12.27	5.01
2017 年	2 758	1 295	911	400	152	46.95	33.03	14.50	5.52
2018 年	3 220	1 431	1 086	511	192	44.44	33.73	15.87	5.96
2019 年	3 258	1 430	1 133	502	193	43.89	34.78	15.41	5.92

① 此表数据来自国泰安（CSMAR）数据库或经过计算整理而得，本章其他表格中使用的上市公司股东信息、股权信息、财务数据、股票交易数据均来源于此。

表 6-3 Panel A 提供的变量描述性统计结果显示，投融资期限错配（sfli）的均值为 -0.111，中位数为 -0.067，根据 sfli 是否大于 0 所设定的哑变量（dum_sfli）的均值为 0.266，这表明样本中大约有 26.6% 的公司存在投融资期限错配问题，与现有研究的发现基本一致（钟凯 等，2016；罗宏 等，2021；陈晓辉 等，2021）。sfli 的标准差为 0.246，且最大值与最小值分别为 0.319、-1.511，相差高达 1.830，这表明不同上市公司之间的投融资期限错配程度存在较为明显的差异。是否存在非控股大股东（dum）与非控股大股东持股比例之和（ratio）的均值分别为 0.499、0.084，非控股大股东的数量（num）的最大值为 7.000，此数据情况与第 4 章、第 5 章差异不大，且控制变量的取值亦均在合理范围内，在此不再赘述。

此外，本章节还按照公司是否存在非控股大股东（dum）这一哑变量进行分组，组间差异检验结果列示于表 6-3 的 Panel B。结果显示，"无非控股大股东组（即 dum=0）"的投融资期限错配的均值和中位数分别为 -0.100、-0.064，而"有非控股大股东组（即 dum=1）"的投融资期限错配的均值和中位数分别 -0.122、-0.071，数值相较于前者更小，且组间差异结果显示，两组之间的均值差异和中位数差异均在 1% 水平上显著为正，这初步表明了与不存在非控股大股东的公司相比，存在非控股大股东的公司的投融资期限错配程度显著更低。

表6-3 描述性统计与组间差异检验

Panel A：描述性统计						
变量	观察值	均值	中位数	标准差	最小值	最大值
sfli	30013	−0.111	−0.067	0.246	−1.511	0.319
dum_sfli	30013	0.266	0.000	0.442	0.000	1.000
dum	30013	0.499	0.000	0.500	0.000	1.000
num	30013	0.733	0.000	0.905	0.000	7.000
ratio	30013	0.084	0.000	0.109	0.000	0.808
size	30013	22.050	21.870	1.262	19.540	25.790
lev	30013	0.444	0.444	0.204	0.053	0.890
roa	30013	0.036	0.035	0.061	−0.268	0.185
TobinQ	30013	2.421	1.879	1.671	0.875	10.200
growth	30013	0.184	0.118	0.413	−0.615	2.609
dual	30013	0.238	0.000	0.426	0.000	1.000
indep	30013	0.370	0.333	0.053	0.000	0.571
hhi	30013	0.059	0.017	0.090	0.008	0.469
age	30013	10.610	9.000	6.611	1.000	30.000
first	30013	0.374	0.357	0.154	0.050	0.900

Panel B：组间差异检验					
变量	均值差异检验			中位数差异检验		
	dum=0	dum=1	Mean−Diff	dum=0	dum=1	Chi2
sfli	−0.100	−0.122	0.022***	−0.064	−0.071	15.817***

注："*""**"和"***"分别表示10%、5%和1%的显著性水平。

6.3.2 面板单位根检验

表6-4表明了利用ADF-Fisher检验和PP-Fisher检验对各变量进行面板单位根检验的结果。结果显示,各变量单位根检验的所有统计量结果均拒绝了"序列存在单位根"的原假设,这表明所有变量均通过了平稳性检验,回归分析不存在"伪回归"问题。

表6-4 面板单位根检验

变量	ADF-Fisher检验				PP-Fisher检验			
	P	Z	L^*	P_m	P	Z	L^*	P_m
sfli	3021***	−44.59***	−55.50***	85.71***	2870***	−40.10***	−52.32***	80.67***
dum	1356***	−22.80***	−23.93***	30.20***	615***	−2.44***	−4.03***	5.51***
num	1539***	−25.32***	−27.31***	36.32***	894***	−6.93***	−10.33***	14.82***
ratio	1630***	−26.88***	−29.11***	39.33***	899***	−9.20***	−11.02***	14.97***
size	1204***	−19.50***	−20.12***	25.14***	673***	−1.47**	−2.87***	7.43***
lev	1394***	−23.49***	−24.53***	31.46***	631***	−3.88***	−4.53***	6.03***
roa	1886***	−30.18***	−34.04***	47.87***	1254***	−14.70***	−18.74***	26.81***
TobinQ	1936***	−32.15***	−35.28***	49.53***	1115***	−17.00***	−17.92***	22.18***
growth	3043***	−44.67***	−55.88***	86.42***	2961***	−40.42***	−53.94***	83.69***
dual	1718***	−28.36***	−30.75***	42.27***	872***	−11.47***	−12.50***	14.08***
indep	2051***	−33.17***	−37.33***	53.37***	1355***	−19.29***	−22.18***	30.17***
hhi	710***	−10.37***	−9.97***	8.67***	540***	−3.72***	−3.38***	2.99***
first	1917***	−29.15***	−34.38***	48.90***	1569***	−14.14***	−23.09***	37.31***

注:P、Z、L^*和P_m代表四种统计量;"*""**"和"***"分别表示10%、5%和1%的显著性水平。

6.3.3 相关性分析

表6-5提供的变量间相关性分析结果显示,非控股大股东的三个测度指标(dum、num、ratio)均与公司投融资期限错配程度(sfli)在1%水平上呈显著负相关关系(Pearson相关系数分别为-0.046、-0.068、-0.049,Spearman相关系数分别为-0.025、-0.027、-0.027),这初步表明了非控股大股东能够有效抑制公司的投融资期限错配程度,但由于被解释变量与其余控制变量也存在显著的相关性,需要进行多元回归分析才能检验本章节的研究假设是否成立。此外,各解释变量之间的相关系数的绝对值均比较小(低于临界值0.5),且经方差膨胀因子(VIF)检验,发现所有变量的平均VIF值为3.59,且最大VIF值为4.99(低于临界值10),这表明各解释变量之间不存在严重的多重共线性问题。

表 6-5 Pearson 和 Spearman 相关系数表

变量	sfli	dum	num	ratio	size	lev	roa	TobinQ	growth	dual	indep	hhi	age	first
sfli		-0.025***	-0.027***	-0.027***	-0.192***	0.070***	-0.437***	-0.118***	-0.251***	0.027***	0.002	-0.044***	-0.046***	-0.052***
dum	-0.046***		0.946***	0.926***	-0.017***	-0.023***	0.019***	0.019***	0.019***	0.024***	-0.016***	-0.004	-0.092***	-0.245***
num	-0.068***	0.811***		0.951***	-0.019***	-0.032***	0.017***	0.019***	0.027***	0.022***	-0.021***	-0.001	-0.103***	-0.275***
ratio	-0.049***	0.769***	0.860***		0.004	-0.014**	0.017***	0.003	0.019***	0.005	-0.020***	0.001	-0.090***	-0.251***
size	-0.113***	0.005	0.006	0.065***		0.448***	-0.030***	-0.525***	0.045***	-0.142***	0.016***	0.066***	0.385***	0.142***
lev	0.113***	-0.023***	-0.036***	-0.005	0.449***		-0.422***	-0.441***	0.016***	-0.146***	-0.025***	0.127***	0.327***	0.010*
roa	-0.342***	-0.008	-0.009	0.001	0.029***	-0.367***		0.344***	0.311***	0.057***	-0.022***	-0.040***	-0.230***	0.140***
TobinQ	-0.137***	0.019***	0.019***	-0.003	-0.425***	-0.356***	0.213***		0.109***	0.158***	0.054***	-0.054***	-0.270***	-0.057***
growth	-0.375***	0.024***	0.042***	0.025***	0.051***	0.033***	0.221***	0.073***		0.034***	-0.005	0.023***	-0.158***	0.028***
dual	-0.012**	0.024***	0.016***	-0.012**	-0.139***	-0.144***	0.027***	0.126***	0.015***		0.114***	-0.088***	-0.203***	-0.033***
indep	0.001	-0.021***	-0.027***	-0.030***	0.035***	-0.021***	-0.025***	0.067***	-0.001	0.120***		0.004	-0.021***	0.022***
hhi	-0.054***	-0.007	-0.005	-0.010*	0.017***	-0.020***	0.031***	0.082***	0.045***	-0.037***	0.020***		0.069***	0.047***
age	0.011*	-0.079***	-0.082***	-0.067***	0.349***	0.305***	-0.150***	-0.170***	-0.067***	-0.188***	-0.013***	-0.035***		-0.137***
first	-0.047***	-0.254***	-0.282***	-0.235***	0.178***	0.013**	0.147***	-0.046***	0.033***	-0.035***	0.037***	0.037***	-0.120***	

注：左下方为 Pearson 相关系数；右上方为 Spearman 相关系数；"*"、"**" 和 "***" 分别表示 10%、5% 和 1% 的显著性水平。

6.3.4 研究假设的实证检验

1. 非控股大股东对投融资期限错配的影响

表 6-6 列示了非控股大股东影响公司投融资期限错配的回归结果。结果显示,在控制了其余因素的影响后,dum、num、ratio 的回归系数分别为 -0.020、-0.016、-0.087,且均在 1% 水平上显著为负,这表明当公司中存在非控股大股东时,投融资期限错配的程度会显著降低,且该效应随着非控股大股东的数量以及持股比例的增加而增强,也验证了本书的假设 3.3.1,即非控股大股东能够显著抑制公司投融资期限错配程度。此外,从控制变量来看,size、roa、TobinQ、growth、age 的回归系数均在 1% 水平上显著为负,而 lev 的回归系数在 1% 水平上显著为正,这表明公司规模越大,盈利能力越强;投资机会越好,成长性越高;上市时间越久,公司投融资期限错配程度就越低。而高财务杠杆的公司由于具有较高的债务风险,其获得长期信贷的能力会下降,使得公司投融资期限错配程度也就越高,这些结果与既有研究的结论基本一致(钟凯 等,2016;赖黎 等,2019;罗宏 等,2021;陈晓辉 等,2021)。

表 6-6 非控股大股东对投融资期限错配的影响

变量	(1)	(2)	(3)
dum	-0.020*** (-8.007)		
num		-0.016*** (-9.528)	
ratio			-0.087*** (-6.391)

续表

变量	（1）	（2）	（3）
size	−0.028***	−0.027***	−0.028***
	(−18.333)	(−17.885)	(−17.778)
lev	0.120***	0.118***	0.119***
	(12.642)	(12.519)	(12.549)
roa	−0.905***	−0.909***	−0.906***
	(−38.284)	(−38.501)	(−38.240)
TobinQ	−0.007***	−0.007***	−0.007***
	(−6.251)	(−6.076)	(−6.131)
growth	−0.189***	−0.188***	−0.189***
	(−24.231)	(−24.152)	(−24.223)
dual	−0.005	−0.005*	−0.005*
	(−1.562)	(−1.691)	(−1.688)
indep	0.035	0.032	0.035
	(1.506)	(1.401)	(1.524)
hhi	−0.046	−0.046	−0.045
	(−1.464)	(−1.476)	(−1.453)
age	−0.001***	−0.001***	−0.001***
	(−3.844)	(−4.445)	(−3.761)
first	−0.001	−0.014	0.000
	(−0.115)	(−1.493)	(0.006)
常数项	0.614***	0.609***	0.600***
	(18.329)	(18.230)	(17.819)
行业/年度	控制	控制	控制
样本量	30 013	30 013	30 013
调整的 R^2	0.254	0.255	0.253

注："*""**"和"***"分别表示10%、5%和1%的显著性水平；括号内 T 值经公司层面聚类处理，下同。

2. 资产可抵押性对非控股大股东与投融资期限错配关系的调节作用

表6-7表明了资产可抵押性对非控股大股东与公司投融资期限错配之间关系影响的回归结果。结果显示，dum、num、ratio的回归系数分别为-0.050、-0.036、-0.224，且均在1%水平上显著为负，与主测试的结果仍保持一致。collater的回归系数在表6-7的第（1）～（3）列中分别为-0.102、-0.100、-0.095，且均在1%水平上显著为负，这在一定程度上揭示了公司的资产可抵押性越高，其投融资期限错配的程度就会越低，与本章节的理论预期相符。本章节主要考察资产可抵押性对非控股大股东与公司投融资期限错配之间关系的调节效应，即重点关注交互项 dum × collater、num × collater、ratio × collater 的回归系数大小以及显著性差异。表6-7的第（1）～（3）列的结果显示，交互项 dum × collater、num × collater、ratio × collater 的回归系数分别为0.065、0.041、0.300，且均在5%水平上显著为正，这表明资产可抵押性显著削弱了非控股大股东对公司投融资期限错配的抑制作用。为了更直观地展示资产可抵押性的调节作用，本章节绘制了调节效应图，如图6-1、图6-2和图6-3所示。从图中可以清楚地看出，相比资产可抵押性更低的公司，在资产可抵押性更高的公司中，非控股大股东与公司投融资期限错配之间的负相关关系更弱，这表明资产可抵押性反向调节了非控股大股东与公司投融资期限错配之间的负相关关系，本书的假设3.3.2得到验证。

表 6-7　资产可抵押性对非控股大股东与投融资期限错配关系的调节作用

变量	（1）	（2）	（3）
dum	−0.050***		
	（−3.849）		
collater	−0.102***	−0.100***	−0.095***
	（−5.694）	（−5.585）	（−5.666）
dum × collater	0.065**		
	（2.386）		
num		−0.036***	
		（−4.053）	
num × collater		0.041**	
		（2.254）	
ratio			−0.224***
			（−3.553）
ratio × collater			0.300**
			（2.306）
size	−0.029***	−0.028***	−0.028***
	（−18.784）	（−18.308）	（−18.197）
lev	0.121***	0.118***	0.120***
	（12.674）	（12.520）	（12.611）
roa	−0.889***	−0.893***	−0.890***
	（−37.309）	（−37.480）	（−37.266）
TobinQ	−0.007***	−0.007***	−0.007***
	（−6.261）	（−6.099）	（−6.150）
growth	−0.190***	−0.189***	−0.190***
	（−24.344）	（−24.245）	（−24.354）
dual	−0.005	−0.005	−0.005
	（−1.503）	（−1.615）	（−1.621）
indep	0.032	0.028	0.032
	（1.370）	（1.237）	（1.370）
hhi	−0.028	−0.028	−0.027
	（−0.898）	（−0.905）	（−0.853）

续表

变量	（1）	（2）	（3）
age	−0.001***	−0.001***	−0.001***
	(−4.409)	(−4.943)	(−4.335)
first	0.003	−0.010	0.005
	(0.296)	(−1.048)	(0.508)
常数项	0.678***	0.672***	0.660***
	(19.504)	(19.400)	(18.949)
行业/年度	控制	控制	控制
样本量	30 013	30 013	30 013
调整的 R^2	0.255	0.256	0.254

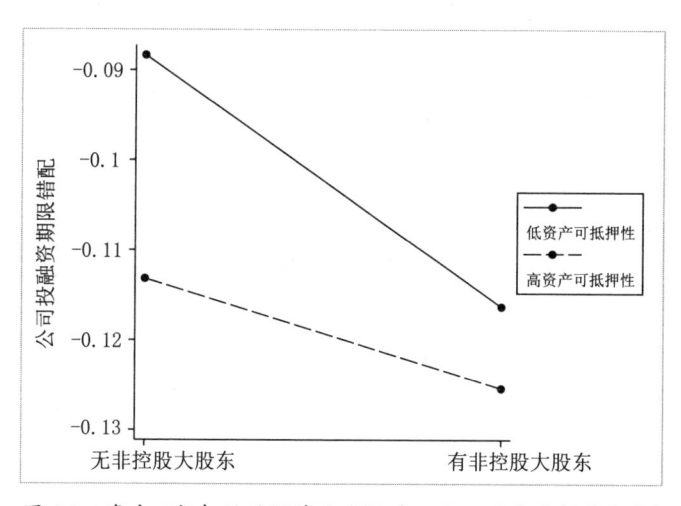

图 6-1 资产可抵押性的调节效应图（以 dum 为主要解释变量）

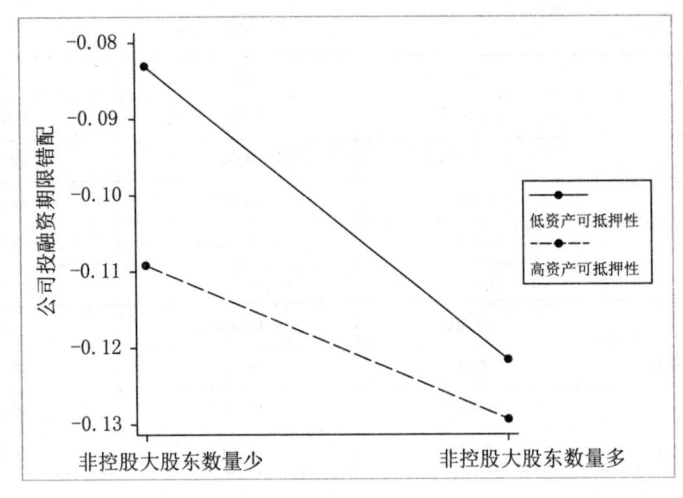

图 6-2 资产可抵押性的调节效应图（以 num 为主要解释变量）

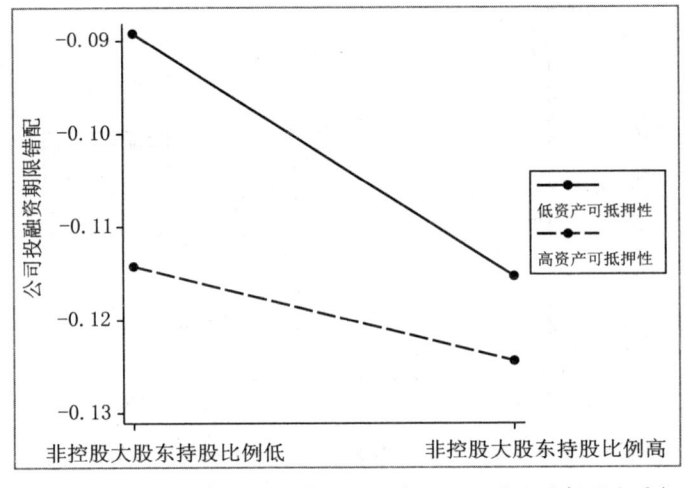

图 6-3 资产可抵押性的调节效应图（以 ratio 为主要解释变量）

3. 股票流动性对非控股大股东与投融资期限错配关系的调节作用

表 6-8 表明了股票流动性对非控股大股东与公司投融资期限错配之间关系影响的回归结果。结果显示，tover 的回归系数在表 6-8 的第（1）～（3）列中分别为 -0.458、-0.471、-0.554，且均在 1% 水平上显著为负，这在一

定程度上揭示了公司的股票流动性越高，其投融资期限错配的程度就会越低，与本章节的理论预期相符。本章节主要考察股票流动性对非控股大股东与公司投融资期限错配之间关系的调节效应，即重点关注交互项 dum × tover、num × tover、ratio × tover 的回归系数大小以及显著性差异。表 6-8 的第（1）～（3）列的结果显示，交互项 dum × tover、num × tover、ratio × tover 的回归系数分别为 -0.771、-0.470、-3.478，且均在 1% 水平上显著为负，这表明股票流动性显著增强了非控股大股东对公司投融资期限错配的抑制作用。为了更直观地展示股票流动性的调节作用，本章节绘制了调节效应图，如图 6-4、图 6-5 和图 6-6 所示。从图中可以清楚地看出，相比股票流动性更低的公司，在股票流动性更高的公司中，非控股大股东与公司投融资期限错配之间的负相关关系更强，这表明股票流动性正向调节了非控股大股东与公司投融资期限错配之间的负相关关系，本书的假设 3.3.3 得到验证。

表 6-8 股票流动性对非控股大股东与投融资期限错配关系的调节作用

变量	（1）	（2）	（3）
dum	0.001		
	（0.193）		
tover	-0.458***	-0.471***	-0.554***
	（-4.608）	（-4.741）	（-5.690）
dum × tover	-0.771***		
	（-5.574）		
num		-0.003	
		（-1.199）	
num × tover		-0.470***	
		（-5.337）	
ratio			0.003
			（0.162）
ratio × tover			-3.478***
			（-4.814）

续表

变量	（1）	（2）	（3）
size	−0.034***	−0.033***	−0.033***
	（−20.472）	（−20.153）	（−20.086）
lev	0.130***	0.128***	0.129***
	（13.523）	（13.438）	（13.440）
roa	−0.910***	−0.913***	−0.911***
	（−38.675）	（−38.869）	（−38.651）
Tobin$Q$	−0.007***	−0.006***	−0.006***
	（−5.587）	（−5.391）	（−5.468）
growth	−0.188***	−0.187***	−0.188***
	（−24.223）	（−24.167）	（−24.234）
dual	−0.004	−0.004	−0.004
	（−1.101）	（−1.211）	（−1.214）
indep	0.038*	0.035	0.038*
	（1.671）	（1.543）	（1.651）
hhi	−0.051*	−0.052*	−0.052*
	（−1.653）	（−1.709）	（−1.670）
age	−0.002***	−0.002***	−0.002***
	（−6.851）	（−7.454）	（−6.814）
first	0.002	−0.009	0.002
	（0.268）	（−0.942）	（0.271）
常数项	0.726***	0.718***	0.716***
	（20.453）	（20.383）	（20.151）
行业/年度	控制	控制	控制
样本量	30 013	30 013	30 013
调整的 R^2	0.259	0.261	0.259

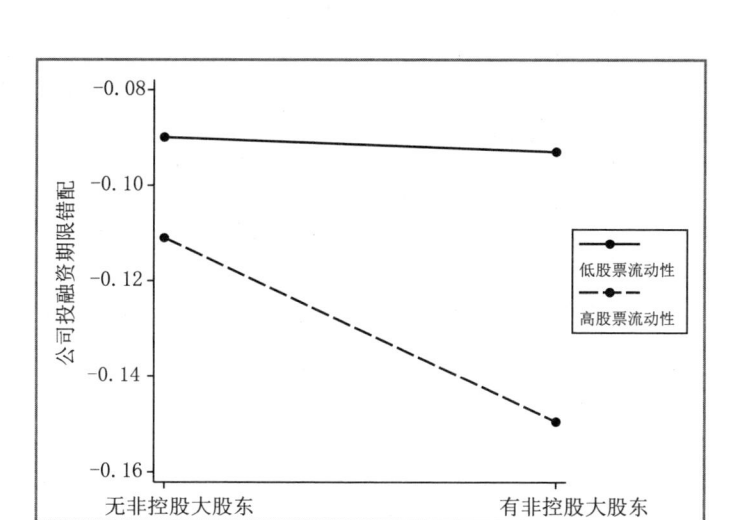

第6章 非控股大股东对公司投融资期限错配影响的实证分析

图 6-4 股票流动性的调节效应图（以 dum 为主要解释变量）

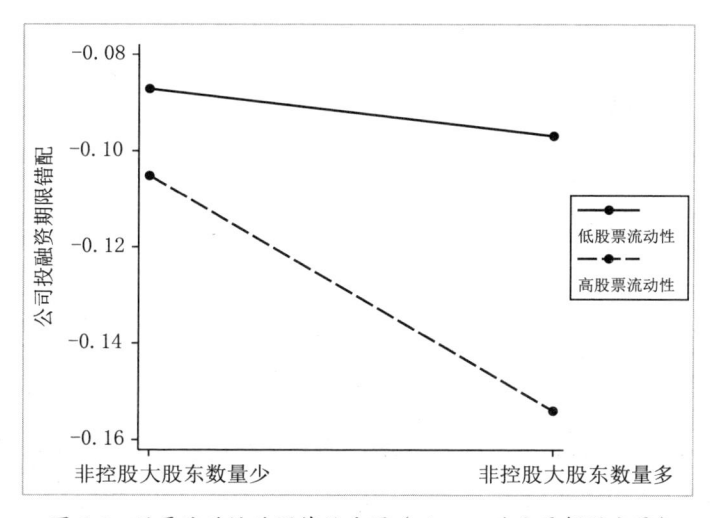

图 6-5 股票流动性的调节效应图（以 num 为主要解释变量）

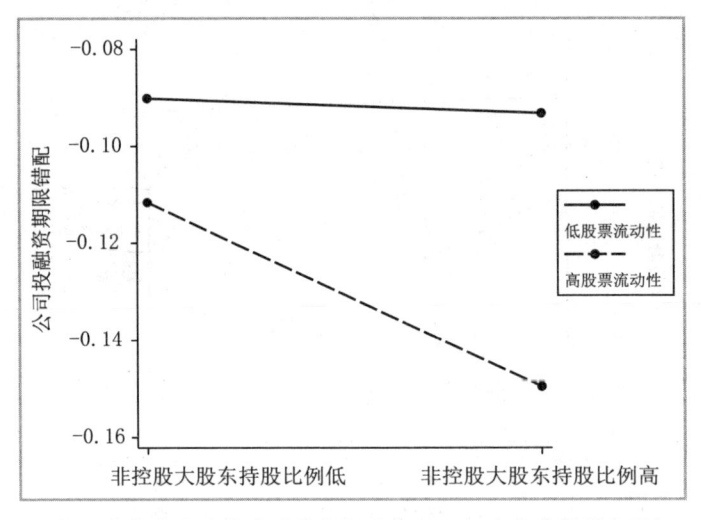

图 6-6 股票流动性的调节效应图（以 ratio 为主要解释变量）

6.4 稳健性检验

6.4.1 内生性检验

前文实证结果所观测到的非控股大股东与公司投融资期限错配之间的关系可能受到内生性问题的影响。究其原因在于，第一，公司是否存在非控股大股东可能并非随机发生，而是根据公司自身特质有意识选择的，其中就有可能会受到公司投融资期限匹配程度的影响进而选择是否进入公司成为大股东。第二，尽管本章节在回归模型中控制了一系列可能对公司投融资期限错配产生影响的财务特征与公司治理变量，但仅控制这些可观测变量仍无法完全排除遗漏变量的问题，由此容易引发系数估值偏误与内生性问题。为此，本章节采用公司固定效应模型、倾向得分匹配法（PSM）以及 Heckman 两阶段模型，以尽可能地解决可能存在的内生性问题。

1. 公司固定效应模型

本章节在模型（6-1）中仅控制了行业及年度层面的固定效应，为了解决不随时间推移而变化但随公司个体而异的遗漏变量问题，本章节借鉴罗宏等（2021）和陈晓辉等（2021）的做法，采用公司固定效应模型重新进行回归检验，即在模型（6-1）中进一步控制公司层面的固定效应，以控制与公司个体相关但不随时间而变的因素对公司投融资期限错配的影响。表6-9列示了采用公司固定效应模型的回归结果，从结果中可见，dum、num、ratio的回归系数分别为-0.021、-0.019、-0.133，且均在1%水平上显著为负，结果仍与前文基本保持一致。

表6-9 内生性检验（1）：公司固定效应模型

变量	（1）	（2）	（3）
dum	-0.021***		
	(-4.970)		
num		-0.019***	
		(-7.008)	
ratio			-0.133***
			(-5.554)
size	-0.104***	-0.102***	-0.103***
	(-24.266)	(-23.571)	(-23.825)
lev	0.283***	0.274***	0.279***
	(16.195)	(15.732)	(15.968)
roa	-0.766***	-0.770***	-0.766***
	(-23.970)	(-24.131)	(-23.985)
TobinQ	-0.012***	-0.012***	-0.012***
	(-7.614)	(-7.463)	(-7.553)

续表

变量	(1)	(2)	(3)
growth	−0.178***	−0.177***	−0.178***
	(−23.018)	(−22.885)	(−22.922)
dual	−0.006	−0.006	−0.006
	(−1.249)	(−1.223)	(−1.232)
indep	−0.014	−0.019	−0.015
	(−0.381)	(−0.541)	(−0.411)
hhi	−0.188***	−0.182***	−0.184***
	(−5.049)	(−4.926)	(−4.953)
age	0.005***	0.005***	0.005***
	(6.962)	(6.206)	(6.307)
first	0.014	−0.007	−0.001
	(0.650)	(−0.315)	(−0.044)
常数项	2.168***	2.135***	2.155***
	(22.825)	(22.475)	(22.622)
公司/行业/年度	控制	控制	控制
样本量	30 013	30 013	30 013
调整的 R^2	0.243	0.244	0.243

2. 倾向得分匹配法（PSM）

为了缓解由可观测的公司特征导致的选择性偏误问题，本章节利用倾向评分匹配法（PSM）进行检验。具体而言，本章节借鉴余怒涛等（2023）的做法，根据公司中是否存在非控股大股东，将样本分为两组：处理组（有非控股大股东的公司）与控制组（无非控股大股东的公司），选取公司规模（size）、资产负债率（lev）、盈利能力（roa）以及上市年龄（age）为匹配变量进行倾向得分匹配，以1∶1最邻近匹配法为处理组寻找特征相近的控制组样本（具体方法同第4章、第5章），匹配后有效观测值为23 056个。

表 6-10 列示了倾向得分匹配的估计结果。首先，由表 6-10 Panel A 可知，配对之前处理组和控制组存在较为明显的特征差异，而配对之后二者的密度曲线几乎重合，也即配对后处理组样本（dum=1）和控制组样本（dum=0）之间尽可能地相似，这验证了共同支撑假设。其次，由表 6-10 Panel B 可知，配对之后各匹配变量的组间均值差异均在 5% 以内且总体上不显著，即通过了平衡性检验。在配对结果良好的情况下，本章节基于配对后的子样本重新进行回归，结果列于表 6-10 Panel C。从结果中可见，dum、num、ratio 的回归系数分别为 −0.018、−0.016、−0.073，且均在 1% 水平上显著为负，结果仍与前文基本保持一致。

表 6-10　内生性检验（2）：倾向得分匹配法（PSM）

Panel A：配对前后密度图

Panel B：配对后各匹配变量的均值差异					
变量	处理组均值	控制组均值	%bias	t 值	$p>|t|$
size	22.053	22.029	1.9	1.640	0.102
lev	0.439	0.435	1.9	1.620	0.106
roa	0.035	0.036	−1.6	−1.370	0.172
age	10.091	9.962	2.0	1.730	0.084

续表

变量	（1）	（2）	（3）
\multicolumn{4}{c}{Panel C：配对后子样本回归结果}			
dum	−0.018***		
	(−6.055)		
num		−0.016***	
		(−8.174)	
ratio			−0.073***
			(−4.880)
size	−0.030***	−0.029***	−0.029***
	(−16.923)	(−16.424)	(−16.318)
lev	0.137***	0.134***	0.135***
	(12.476)	(12.329)	(12.368)
roa	−0.881***	−0.885***	−0.883***
	(−33.325)	(−33.517)	(−33.341)
TobinQ	−0.008***	−0.007***	−0.007***
	(−5.378)	(−5.197)	(−5.254)
growth	−0.196***	−0.195***	−0.196***
	(−22.245)	(−22.163)	(−22.234)
\multicolumn{4}{c}{Panel C：配对后子样本回归结果}			
dual	−0.006	−0.006	−0.006
	(−1.506)	(−1.624)	(−1.618)
indep	0.061**	0.058**	0.061**
	(2.216)	(2.108)	(2.212)
hhi	−0.059	−0.058	−0.059
	(−1.610)	(−1.609)	(−1.616)
age	−0.001**	−0.001***	−0.001**
	(−2.483)	(−3.090)	(−2.541)
first	0.005	−0.012	0.005
	(0.411)	(−1.080)	(0.449)
常数项	0.626***	0.621***	0.609***
	(16.409)	(16.313)	(15.903)
行业/年度	控制	控制	控制
样本量	23 056	23 056	23 056
调整的 R^2	0.253	0.255	0.253

3. Heckman 两阶段模型

本章节实证检验了非控股大股东对公司投融资期限错配的影响，但投融资期限匹配程度较高的公司也可能会吸引非控股大股东的进入。为了缓解潜在的样本自选择问题，本章节参照已有相关文献（Teodora Paligorova et al., 2012；哈姆迪·本-纳斯尔 等，2015；朱冰 等，2018；王美英 等，2020），运用 Heckman 两阶段模型进行检验。关于在第一阶段回归中工具变量的选取，本章节参照余怒涛等（2023）的做法，以上年公司所在行业存在非控股大股东的公司占比作为非控股大股东的工具变量（IV）。其原因在于，单个公司是否存在非控股大股东通常与其所处行业（受同一外部市场环境影响且从事相似生产经营活动的公司集合）上年平均的非控股大股东构成相关，但公司自身投融资期限错配水平的变化不可能影响到整个行业平均的非控股大股东构成。

表 6-11 列示了 Heckman 两阶段模型的检验结果。其中，表 6-11 的第（1）列表明了以是否存在非控股大股东（dum）作为被解释变量进行的第一阶段 Probit 回归的结果，结果显示，工具变量（IV）的回归系数为 2.020，并且在 1% 水平上显著为正，这表明不存在弱工具变量的问题。进一步地，本章节将第一阶段回归计算所得的逆米尔斯比率（lambda）纳入回归模型（6-1）进行第二阶段回归，回归结果列示于表 6-11 的第（2）～（4）列。结果显示，lambda 的回归系数均分别为 -0.047、-0.042、-0.042，且分别在 5%、10%、10% 水平上显著显著为负，dum、num、ratio 的回归系数分别为 -0.021、-0.017、-0.087，且均在 1% 水平上显著为负，这表明在校正了样本自选择的内生性偏误后，本章节的研究结论依然稳健。

表 6-11　内生性检验（3）：Heckman 两阶段模型

变量	（1）第一阶段 dum	（2）第二阶段 sfli	（3）第二阶段 sfli	（4）第二阶段 sfli
IV	2.020*** (7.099)			
dum		−0.021*** (−7.964)		
num			−0.017*** (−11.382)	
ratio				−0.087*** (−7.263)
size	0.152*** (7.499)	−0.032*** (−13.149)	−0.031*** (−12.661)	−0.031*** (−12.677)
lev	−0.125 (−1.220)	0.124*** (14.623)	0.121*** (14.328)	0.122*** (14.440)
roa	−0.230 (−1.015)	−0.900*** (−37.111)	−0.904*** (−37.312)	−0.902*** (−37.174)
TobinQ	0.061*** (5.762)	−0.009*** (−7.314)	−0.009*** (−6.983)	−0.009*** (−7.039)
growth	0.063*** (3.177)	−0.190*** (−59.237)	−0.189*** (−58.923)	−0.190*** (−59.195)
dual	−0.003 (−0.088)	−0.005* (−1.648)	−0.005* (−1.791)	−0.005* (−1.790)
indep	−0.387 (−1.342)	0.047* (1.916)	0.043* (1.763)	0.045* (1.874)
hhi	0.106 (0.368)	−0.049 (−1.630)	−0.049 (−1.630)	−0.049 (−1.611)
age	−0.033*** (−10.565)	0.000 (0.100)	−0.000 (−0.399)	−0.000 (−0.114)

续表

变量	（1）第一阶段 dum	（2）第二阶段 sfli	（3）第二阶段 sfli	（4）第二阶段 sfli
first	-2.716***	0.081**	0.060	0.073*
	(-22.166)	(2.083)	(1.534)	(1.857)
lambda		-0.047**	-0.042*	-0.042*
		(-2.150)	(-1.919)	(-1.891)
常数项	-2.758***	0.698***	0.684***	0.673***
	(-5.839)	(13.777)	(13.535)	(13.305)
行业/年度	控制	控制	控制	控制
样本量	30 000	30 000	30 000	30 000
调整的 R^2	0.083	0.253	0.255	0.253

注："*""**"和"***"分别表示10%、5%和1%的显著性水平；第一阶段中的 R^2 为Pseudo R^2，且其括号内为 Z 值，其余结果中括号内为 T 值，均经公司层面聚类处理。

6.4.2 其他稳健性检验

1. 公司短贷长投变量的其他测度方式

前文在计算公司层面短贷长投变量时，利用的是上年总资产对公司长期投资"资金缺口"进行标准化处理，考虑到亦有研究采用当年总资产来剔除规模效应（马红 等，2018；徐亚琴 等，2020；张新民 等，2021），本章节采用这一方式重新对公司短贷长投变量进行测度，记为sfli1。此外，由于一年内到期的长期借款会转入"一年内到期的非流动负债"科目中，为了不低估公司的银行信贷额度，前文在计算"长期借款本期增加额"时，加上了"一年内到期的非流动负债"。考虑到亦有研究在稳健性测试中剔除了"一年内到期非流动负债"的影响（钟凯 等，2016；丁龙飞 等，2020），本章节采用这一方式重新对公司短贷长投变量进行测度，记为sfli2。本章节以sfli1和sfli2依次作为被解释变量重新进行回归，回归结果列示于表6-12。结果显示，无论以sfli1还是sfli2作为被解释变量，dum、num、ratio的回归系数均在1%水平上显著为负，结果仍然与前文基本保持一致。

表6-12 其他稳健性测试（1）：公司短贷长投变量的其他测度方式

变量	（1）	（2）	（3）	（4）	（5）	（6）
	sfli1			sfli2		
dum	−0.006***			−0.020***		
	(−4.501)			(−7.956)		
num		−0.005***			−0.016***	
		(−5.701)			(−9.299)	
ratio			−0.022***			−0.079***
			(−3.199)			(−6.126)
size	−0.014***	−0.014***	−0.014***	−0.024***	−0.023***	−0.023***
	(−16.684)	(−16.440)	(−16.345)	(−16.578)	(−16.108)	(−16.072)
lev	0.022***	0.021***	0.021***	0.176***	0.174***	0.175***
	(4.155)	(4.049)	(4.113)	(19.531)	(19.456)	(19.438)
roa	−1.103***	−1.104***	−1.103***	−0.936***	−0.939***	−0.937***
	(−77.762)	(−77.924)	(−77.731)	(−40.630)	(−40.845)	(−40.582)
TobinQ	−0.002***	−0.002***	−0.002***	−0.008***	−0.007***	−0.007***
	(−2.859)	(−2.768)	(−2.840)	(−6.528)	(−6.360)	(−6.426)
growth	−0.056***	−0.056***	−0.056***	−0.184***	−0.183***	−0.184***
	(−20.021)	(−19.942)	(−20.023)	(−23.892)	(−23.814)	(−23.887)
dual	0.003	0.002	0.003	−0.004	−0.005	−0.005
	(1.513)	(1.442)	(1.451)	(−1.357)	(−1.482)	(−1.474)
indep	0.009	0.008	0.009	0.032	0.030	0.033
	(0.716)	(0.663)	(0.738)	(1.452)	(1.348)	(1.475)

续表

变量	（1）	（2）	（3）	（4）	（5）	（6）
	sfli1			sfli2		
hhi	−0.038**	−0.038**	−0.038**	−0.045	−0.045	−0.044
	(−2.326)	(−2.332)	(−2.320)	(−1.470)	(−1.483)	(−1.460)
age	−0.001***	−0.001***	−0.001***	−0.001***	−0.001***	−0.001***
	(−7.656)	(−7.921)	(−7.479)	(−4.049)	(−4.642)	(−3.931)
first	0.021***	0.018***	0.023***	−0.008	−0.020**	−0.006
	(4.300)	(3.568)	(4.561)	(−0.897)	(−2.268)	(−0.693)
常数项	0.319***	0.318***	0.316***	0.516***	0.512***	0.503***
	(17.065)	(17.022)	(16.775)	(16.466)	(16.337)	(15.950)
行业/年度	控制	控制	控制	控制	控制	控制
样本量	30 013	30 013	30 013	30 013	30 013	30 013
调整的 R^2	0.346	0.346	0.345	0.265	0.266	0.264

2. 更换公司投融资期限错配的测度

除了基于"资金缺口"的短贷长投这一指标可以测度公司的投融资期限错配程度之外，亦有研究根据公司资产负债表中流动性与非流动性的分类来确定负债和资产的期限结构（Michael J. Barclay et al., 1995），再基于债务期限结构与资产期限结构的匹配情况对公司的投融资期限错配程度进行测度（白云霞，2021；刘晓光 等，2019；李增福 等，2022）。本章节亦借鉴这类研究的测度方法，采用以下两种替代性指标来测度公司投融资期限错配，计算公式分别为：sfli3=（短期负债/负债合计）−（短期资产/资产合计）；sfli4=（长期资产−长期负债−股东权益）/长期资产。本章节以 sfli3 和 sfli4 依次作为被解释变量重新进行回归，回归结果列示于表 6-13。结果显示，无论以 sfli3 还是以 sfli4 作为被解释变量，dum、num、ratio 的回归系数均显著为负，结果仍与前文基本保持一致，这表明在更换了公司投融资期限错配的测度方式后，本章节的研究结论依然成立。

表 6-13 其他稳健性测试（2）：更换公司投融资期限错配的测度

变量	（1）	（2）	（3）	（4）	（5）	（6）
	\multicolumn{3}{c}{sfli3}	\multicolumn{3}{c}{sfli4}			
dum	−0.007*			−0.139***		
	（−1.865）			（−3.696）		
num		−0.007***			−0.102***	
		（−3.282）			（−4.205）	
ratio			−0.063***			−1.013***
			（−2.935）			（−4.416）
size	−0.028***	−0.027***	−0.027***	0.006	0.017	0.017
	（−6.508）	（−6.272）	（−6.356）	（0.155）	（0.406）	（0.416）
lev	−0.114***	−0.117***	−0.116***	2.430***	2.392***	2.396***
	（−6.870）	（−7.068）	（−7.036）	（16.507）	（16.332）	（16.428）
roa	−0.197***	−0.198***	−0.197***	−1.170***	−1.189***	−1.172***
	（−7.231）	（−7.299）	（−7.252）	（−5.306）	（−5.385）	（−5.317）
TobinQ	0.001	0.001	0.001	−0.004	−0.002	−0.002
	（1.046）	（1.135）	（1.115）	（−0.281）	（−0.191）	（−0.199）
growth	0.004*	0.004*	0.004*	0.019	0.024	0.023
	（1.677）	（1.837）	（1.807）	（0.644）	（0.798）	（0.798）
dual	−0.008*	−0.008*	−0.007*	−0.080*	−0.080*	−0.080*
	（−1.674）	（−1.663）	（−1.657）	（−1.790）	（−1.790）	（−1.775）
indep	−0.057	−0.059*	−0.058*	−0.567*	−0.586*	−0.581*
	（−1.617）	（−1.687）	（−1.659）	（−1.893）	（−1.950）	（−1.931）
hhi	−0.199***	−0.197***	−0.197***	−3.431***	−3.407***	−3.397***
	（−5.437）	（−5.384）	（−5.369）	（−6.487）	（−6.455）	（−6.422）

续表

变量	（1）	（2）	（3）	（4）	（5）	（6）
	sfli3			sfli4		
age	−0.002***	−0.002***	−0.002***	−0.005	−0.007	−0.008
	（−2.712）	（−2.968）	（−3.010）	（−0.701）	（−0.998）	（−1.198）
first	−0.121***	−0.130***	−0.131***	−1.105***	−1.179***	−1.236***
	（−5.528）	（−5.895）	（−5.796）	（−4.985）	（−5.327）	（−5.325）
常数项	1.115***	1.102***	1.107***	−0.209	−0.370	−0.321
	（11.248）	（11.137）	（11.201）	（−0.209）	（−0.368）	（−0.325）
行业/年度	控制	控制	控制	控制	控制	控制
样本量	30 013	30 013	30 013	30 013	30 013	30 013
调整的 R^2	0.087	0.088	0.088	0.128	0.129	0.129

3. 剔除债券融资的影响

随着我国金融体制改革的不断深入和资本市场的日趋完善，上市公司的融资渠道呈现出多元化的态势，不少公司已获取债券发行的主体资格，可以通过发行债券为其长期投资筹集长期资金，从而有效缓解公司的投融资期限错配问题。为了排除债券融资的影响，本章节借鉴现有文献的做法（钟凯等，2016；马红等，2018；肖继辉等，2019；陈晓辉等，2021），剔除了存在债券融资的观测值，并利用剩余观测值重新进行检验，回归结果列示于表6-14。结果显示，dum、num、ratio的回归系数分别为−0.022、−0.018、−0.097，且均在1%水平上显著为负，结果仍与前文保持一致。总体而言，以上稳健性检验结果证实了本章节的研究结论具有较强的可靠性和说服力。

表6-14 其他稳健性测试(3)：剔除债券融资的影响

变量	(1)	(2)	(3)
dum	−0.022***		
	(−7.799)		
num		−0.018***	
		(−9.311)	
ratio			−0.097***
			(−6.202)
size	−0.036***	−0.035***	−0.035***
	(−18.628)	(−18.337)	(−18.336)
lev	0.121***	0.119***	0.120***
	(11.796)	(11.685)	(11.683)
roa	−0.909***	−0.912***	−0.909***
	(−36.183)	(−36.420)	(−36.092)
TobinQ	−0.008***	−0.007***	−0.007***
	(−6.055)	(−5.892)	(−5.958)
growth	−0.185***	−0.184***	−0.186***
	(−22.094)	(−22.017)	(−22.082)
dual	−0.006	−0.006*	−0.006*
	(−1.613)	(−1.753)	(−1.740)
indep	0.015	0.014	0.016
	(0.566)	(0.523)	(0.622)
hhi	−0.066**	−0.067**	−0.067**
	(−1.974)	(−2.022)	(−1.992)
age	−0.001***	−0.001***	−0.001**
	(−2.683)	(−3.302)	(−2.531)
first	0.001	−0.014	0.002
	(0.063)	(−1.321)	(0.198)
常数项	0.775***	0.772***	0.764***
	(18.737)	(18.735)	(18.411)
行业/年度	控制	控制	控制
样本量	25 212	25 212	25 212
调整的 R^2	0.256	0.258	0.256

4. 消除贷款利率市场化改革的影响

贷款利率市场化改革是我国金融体制改革中的一项重大政策，对整个金融体系的运行效率、银行信贷资金配置效率以及企业投融资决策均具有重要的影响（徐亚琴 等，2020）。我国利率市场化改革历程中有两项政策影响最大：一是 2004 年 10 月 29 日起，央行决定不再设定金融机构（不含城乡信用社）人民币贷款利率上限，自此之后，我国金融机构人民币贷款利率处于"上限放开，实行下限管理"的阶段；二是 2013 年 7 月 20 日起，央行不再设置贷款利率下限，全面放开了对银行贷款利率的管制。考虑到本章节的样本期间为 2004—2019 年，处于贷款利率上限放开之后的阶段，但期间经历了 2013 年贷款利率下限放开这一重大改革，为了消除贷款利率市场化改革对本章节研究结果的影响，本章节分别就 2013 年贷款利率下限放开前后进行分组回归。

表 6-15 的第（1）～（3）列和第（4）～（6）列分别表明了 2013 年贷款利率下限放开前后非控股大股东对投融资期限错配影响的回归结果。结果显示，在 2013 年贷款利率下限放开之前，dum、num、ratio 的回归系数分别为 -0.018、-0.013、-0.065，且均在 1% 水平上显著为负；在 2013 年贷款利率下限放开之后，dum、num、ratio 的回归系数分别为 -0.023、-0.019、-0.108，同样均在 1% 水平上显著为负，这表明 2013 年贷款利率下限放开前后，非控股大股东都能够显著抑制公司投融资期限错配，即贷款利率市场化改革并没有对非控股大股东与公司投融资期限错配的关系产生显著影响。

表 6-15　其他稳健性测试（4）：消除贷款利率市场化改革的影响

变量	（1）	（2）	（3）	（4）	（5）	（6）
	\multicolumn{3}{c}{2013 年贷款利率下限放开之前}	\multicolumn{3}{c}{2013 年贷款利率下限放开之后}
dum	−0.018***			−0.023***		
	(−4.252)			(−7.357)		
num		−0.013***			−0.019***	
		(−4.736)			(−8.887)	
ratio			−0.065***			−0.108***
			(−3.180)			(−6.320)
size	−0.020***	−0.019***	−0.019***	−0.033***	−0.032***	−0.032***
	(−9.082)	(−8.889)	(−8.780)	(−16.751)	(−16.327)	(−16.207)
lev	0.103***	0.103***	0.103***	0.127***	0.124***	0.126***
	(6.721)	(6.715)	(6.690)	(10.901)	(10.703)	(10.793)
roa	−1.025***	−1.028***	−1.027***	−0.854***	−0.858***	−0.855***
	(−25.349)	(−25.395)	(−25.366)	(−30.447)	(−30.669)	(−30.416)
TobinQ	−0.007***	−0.007***	−0.007***	−0.008***	−0.007***	−0.008***
	(−3.509)	(−3.412)	(−3.444)	(−5.273)	(−5.085)	(−5.153)
growth	−0.144***	−0.143***	−0.144***	−0.213***	−0.211***	−0.213***
	(−12.236)	(−12.209)	(−12.248)	(−22.038)	(−21.927)	(−22.015)
dual	−0.005	−0.006	−0.006	−0.005	−0.005	−0.005
	(−0.904)	(−1.010)	(−1.015)	(−1.334)	(−1.414)	(−1.422)
indep	0.015	0.015	0.017	0.041	0.037	0.040
	(0.375)	(0.398)	(0.430)	(1.446)	(1.289)	(1.406)
hhi	0.031	0.027	0.032	−0.044	−0.045	−0.044
	(0.279)	(0.248)	(0.292)	(−0.923)	(−0.952)	(−0.928)
age	−0.003***	−0.003***	−0.003***	−0.000	−0.001**	−0.000
	(−5.343)	(−5.680)	(−5.164)	(−1.523)	(−2.020)	(−1.536)
first	−0.045***	−0.054***	−0.041***	0.015	0.000	0.013
	(−2.914)	(−3.422)	(−2.662)	(1.302)	(0.002)	(1.188)

续表

变量	（1）	（2）	（3）	（4）	（5）	（6）
	2013年贷款利率下限放开之前			2013年贷款利率下限放开之后		
常数项	0.477***	0.477***	0.462***	0.660***	0.648***	0.642***
	（10.005）	（10.033）	（9.654）	（14.779）	（14.583）	（14.317）
行业/年度	控制	控制	控制	控制	控制	控制
样本量	11 502	11 502	11 502	18 511	18 511	18 511
调整的 R^2	0.216	0.217	0.216	0.279	0.281	0.279

6.5 本章小结

公司投融资决策的效率表征公司配置资金的能力，决定着公司在市场竞争中的生存状态和未来发展前景，而投融资期限的合理匹配关系着既定投资项目能否平稳顺利开展，是公司可持续发展的重要保障。非控股大股东是否影响以及如何影响公司投融资期限错配是本章节的研究重点。本章选取2004—2019年我国沪深A股上市公司作为研究对象，采用基于"资金缺口"的短贷长投这一指标测度公司的投融资期限错配程度，以是否存在非控股大股东、非控股大股东的数量以及非控股大股东持股比例之和这三个指标来刻画非控股大股东特征，实证检验了非控股大股东与公司投融资期限错配之间的关系，研究发现：

第一，当上市公司中存在非控股大股东时，公司投融资期限错配会显著降低，且非控股大股东的数量越多、持股比例之和越高，公司投融资期限错配的程度越低，这表明非控股大股东能够显著抑制公司投融资期限错配程度。

第二，本章引入资产可抵押性作为调节变量，发现资产可抵押性会削弱非控股大股东对投融资期限错配的治理作用,而引入股票流动性作为调节变量,发现股票流动性会增强非控股大股东对投融资期限错配的治理作用。

第三,在上述基本检验结果的基础上,本章还通过运用公司固定效应模型和倾向得分匹配法(PSM)以及Heckman两阶段模型缓解潜在的内生性问题,并通过替换公司短贷长投或投融资期限错配的度量指标、进一步剔除债券融资的影响以及将样本期限按照2013年贷款利率下限放开前后分组,以消除贷款利率市场化改革的影响,进行了其他稳健性检验。结果表明,本章研究结论具有一定的可靠性。

第 7 章 研究结论、政策建议及展望

7.1 研究结论

本书遵循"提出问题—理论剖析—实证检验—对策建议"的研究思路，综合运用多种研究方法，致力于从理论与实证上分析和检验非控股大股东对公司投融资决策的影响。基于非控股大股东参与公司治理的动机与能力，本书在理论分析上对非控股大股东如何影响公司投资决策、资本结构决策、投融资期限错配进行了缜密梳理，并推演出一系列可供检验的研究假设。在理论研究的基础上，构建计量模型并设计合理的计量识别策略，再综合运用多种计量方法以检验理论分析部分所推导出的研究假设，并做了深入的分析和探讨，具体得到了以下研究结论。

关于非控股大股东对公司投资决策的影响，本书选取 2004—2019 年我国沪深 A 股上市公司为研究对象，就非控股大股东与公司投资支出与投资机会的敏感性之间的关系进行系统分析和实证检验。研究结果显示：非控股大股东显著提升了公司投资支出－投资机会敏感性，经过一系列稳健性检验（运用双重差分法与倾向得分匹配法克服潜在的内生性问题，替换公司投资支出、投资机会的度量指标以及排除外生事件的影响），该结果依然稳健。进一步分

析结果表明，如果控股股东进行股权质押，那么非控股大股东对公司投资支出－投资机会敏感性的正向影响更显著；且经济政策不确定性越高，非控股大股东对公司投资支出－投资机会敏感性的正向影响越显著。此外，进一步研究结果表明，非控股大股东对公司投资决策的影响最终能够提升公司的增长／清算期权价值；相比国有大股东与其他大股东，外资大股东对公司投资支出－投资机会敏感性的影响效应更强。

关于非控股大股东对公司资本结构决策的影响，本书选取 2004—2019 年我国沪深 A 股上市公司为研究对象，就非控股大股东与公司资本结构动态调整速度之间的关系进行系统分析和实证检验。研究结果显示：非控股大股东显著加快了公司资本结构动态调整的速度。经过一系列稳健性检验（运用倾向得分匹配法克服潜在的内生性问题，剔除资本结构动态调整中的机械调整部分、控制影响目标资本结构的公司治理层面变量以及排除去杠杆政策的影响），该结果依然稳健。在区分实际偏离目标资本结构的不同方向后发现，非控股大股东对公司资本结构动态调整速度的治理效应呈现出非对称性，表现为相比资本结构向下偏离后向上调整的速度，非控股大股东更显著加快了资本结构向上偏离后向下调整的速度。此外，基于我国特殊的经济体制背景，本书引入公司产权性质作为调节变量，发现国有企业身份显著削弱了非控股大股东对公司资本结构动态调整速度的治理作用。最后，在区分短期资本结构和长期资本结构后，发现非控股大股东对公司资本结构动态调整速度的影响主要是通过加速降低短期实际资本结构向上偏离目标水平的程度而实现的。

关于非控股大股东对公司投融资期限错配的影响，本书选取 2004—2019 年我国沪深 A 股上市公司为研究对象，就非控股大股东与公司投融资期限错配之间的关系进行系统分析和实证检验。研究结果显示：非控股大股东显著抑制了公司投融资期限错配，经过一系列稳健性检验（运用公司固定效应模型、倾向得分匹配法以及 Heckman 两阶段模型克服潜在的内生性问题，更换公司短贷长投或投融资期限错配的测度、剔除债券融资的影响以及消除贷款利率市场化改革的影响），该结果依然稳健。进一步地，本书引入资产可抵押性作为调节变量，发现资产可抵押性会削弱非控股大股东对投融资期限错配的治理作用，而引入股票流动性作为调节变量，发现股票流动性会增强非控股大股东对投融资期限错配的治理作用。

7.2 政策建议

本书的研究表明，非控股大股东对公司投融资决策产生了重要的积极影响，其有助于提高公司投资支出－投资机会敏感性、加快资本结构动态调整速度，降低投融资期限错配程度，为非控股大股东在上市公司中发挥的治理作用提供了经验证据。基于上述研究结论，本书提出如下几点政策建议。

第一，从公司层面来说，上市公司在股权结构设计或改革时应当重视非控股大股东的治理作用，增加对非控股大股东的引进力度，尤其是单一大股东控制的上市公司更应该积极引入非控股大股东，进一步优化公司股权结构，同时给予非控股大股东更多深入了解上市公司的机会，积极引导其参与公司治理，实现公司价值最大化。此外，本书研究还发现，异质非控股大股东对公司投资决策的影响效应有所差异，因此，建议上市公司有针对性地引入非控股大股东，比如增加对公司投融资决策治理效应更强的外资大股东或长期战略投资者等。

第二，从监管层面来说，监管部门应营造良好的制度环境以便非控股大股东积极参与公司治理。首先，监管部门应继续积极稳妥推进混合所有制改革、鼓励扩大机构投资者队伍、全面深化资本市场高水平对外开放等制度，吸引更多优质的外部投资者参与上市公司治理，同时进一步强化股权分置改革成果，提高股票市场的流动性，为外部投资者进入上市公司并成为有影响力的非控股大股东创造有利条件。其次，监管部门应该制定相关政策为提高非控股大股东参与公司治理效率创造条件，如可考虑完善在重大事项上的累积投票制、投票关键节点等约束制度，给予非控股大股东更多的"发声"机会，引导非控股股东通过"积极发声"机制发挥治理作用。监管部门还应进一步完善上市公司信息披露管理制度，加强日常监管，以规范上市公司信息披露的内容和程序，增强非控股大股东对上市公司的了解，同时完善对非控股大股东减持股票或直接退出相关信息披露的规制要求，增强非控股大股东减持或退出对控股股东和管理层的威慑力，进而提升公司治理效率。最后，监管部门要进一步健全和完善投资者保护的制度机制、监管体系，为切实保障非控股大股东的合法权益创造有利条件，比如建立健全股东诉讼制度、强化法律法规执行力度，同时继续深入推进市场化改革，为非控股大股东营造更加良好的法律环境和市场环境，提高其参与公司治理的意愿，最终促进资本市场的良性健康发展。

第三，从投资者层面来说，非控股大股东应积极参与上市公司治理，对控股股东和管理层的行为进行严格审核和密切监督，并配合监管机构相关政策和公司内部治理机制，合理运用和发挥"用手投票""退出威胁"以及"用脚投票"等治理手段，积极表达诉求、维护自身合法权益。当有足够的能力"用手投票"时，非控股大股东应积极参与公司决策的制定和实施，在此过程中，也要积极发挥建言献策的作用，为上市公司提供更多有关行业和公司未来前景的信息以及解决问题的新思路,降低决策失误的风险。当"用手投票"无效时,非控股大股东应尽可能采用"退出威胁"而非直接"用脚投票"的方式,与上市公司的控股股东和管理层进行沟通和交流,就公司重要经济活动与重大经营决策达成共识。此外,非控股大股东还应当积极主动地学习和吸收新的专业知识与技能,从而准确评判控股股东和管理层制定的经营战略决策是否科学得当,避免盲目干涉,改善公司治理水平,最终实现公司价值的提升。

7.3 研究不足与展望

由于条件所限,本书研究尚且存在一些不足之处,仍有待今后进一步完善和深入研究,具体包括如下几个方面:

第一,本书仅根据"股东性质"将非控股大股东划分为国有、外资以及其他三种类型,而没有关注非控股大股东的其他特征,未来研究可以进一步细分非控股大股东的异质性特征,例如,综合考虑"持股动机"和"持股时间",将非控股大股东区分为长期战略型和短期逐利型,以此考察不同类型的非控股大股东所发挥的公司治理作用是否存在显著差别。

第二,目前学术界对中国上市公司投融资期限错配这一问题的研究还较少且尚不成熟,借鉴现有文献的主流做法,本书基于财务报表中的各项指标测度了公司投融资期限错配程度,这些方法虽然在一定程度上能识别出大部分存在错配的情况,但仅以一年时间为标准简单地区分负债和资产的期限,并未考虑每一项目具体的期限长度。更重要的是,我国资本市场存在着大量的民间借贷活动以及游离于银行监管体系之外的"影子银行",且上市公司为子公司或第三方融资提供担保、以应付款科目或信托计划的形式进行融资或通过非并表企业进行表外融资，可能使得公司投融资期限错配问题远远要比基于财务报表的测度指标所呈现的结果更加复杂。在今后的研究中，对公司投融资期限错配程度的测度方法还需进一步完善。

第三，关于影响非控股大股东与公司投融资决策之间关系的环境条件或权变因素，理应包括很多，而本书限于篇幅也只考察了控股股东股权质押、经济政策不确定性、产权性质、资产可抵押性以及股票流动性，而公司其他内部条件和外部环境则未充分考虑，这亦是今后可以进一步研究和优化的方向之一。

第四，本书仅探究了非控股大股东对公司投融资决策的影响，而对其他方面的影响并未研究，在今后的研究中还可以进一步考察非控股大股东对公司信息披露质量、股价崩盘风险、股利政策、并购重组、研发创新、公司违规等问题的影响，拓展非控股大股东治理的研究范畴和理论外延，构建更为全面的研究架构。

参考文献

一、中文期刊类

艾健明，曾凯，2017. 资产可抵押性、会计信息质量与融资约束 [J]. 南京审计大学学报，14（3）：22-34.

白云霞，邱穆青，李伟，2016. 投融资期限错配及其制度解释——来自中美两国金融市场的比较 [J]. 中国工业经济（7）：23-39.

蔡贵龙，柳建华，马新啸，2018. 非国有股东治理与国企高管薪酬激励 [J]. 管理世界，34（5）：137-149.

蔡宁，魏明海，2011. 股东关系、合谋与大股东利益输送——基于解禁股份交易的研究 [J]. 经济管理，33（9）：63-74.

曾海舰，2012. 房产价值与公司投融资变动——抵押担保渠道效应的中国经验证据 [J]. 管理世界（5）：125-136.

陈冬华，陈信元，万华林，2005. 国有企业中的薪酬管制与在职消费 [J]. 经济研究（2）：92-101.

陈富永，2021. 经济政策不确定性对企业投资机会影响机理及实证研究——基于董事及机构投资者网络视角 [J]. 经济问题（10）：34-45.

陈国进，王少谦，2016. 经济政策不确定性如何影响企业投资行为［J］. 财贸经济（5）：5-21.

陈克兢，康艳玲，万清清，等，2021. 外部大股东能促进企业创新吗——基于退出威胁视角的实证分析［J］. 南开管理评论，24（3）：202-214.

陈克兢，2019. 非控股大股东退出威胁能降低企业代理成本吗［J］. 南开管理评论，22（4）：161-175.

陈克兢，2018. 退出威胁与公司治理——基于盈余管理的视角［J］. 财经研究，44（11）：18-32.

陈晓辉，刘志远，隋敏，等，2021. 最低工资与企业投融资期限错配［J］. 经济管理，43（6）：100-116.

陈信元，靳庆鲁，肖土盛，等，2014. 行业竞争、管理层投资决策与公司增长/清算期权价值［J］. 经济学（季刊），13（1）：305-332.

狄灵瑜，步丹璐，石翔燕，2021. 央地产业政策协同、外资参股与国有企业研发投入水平［J］. 产业经济研究（5）：83-96.

狄灵瑜，步丹璐，2021a. 混合所有制改革制度背景下异质性大股东对企业创新投入的影响——基于国有企业和非国有企业的比较分析［J］. 研究与发展管理，33（4）：152-168.

狄灵瑜，步丹璐，2021b. 外资股东的引入与国有企业的国际化战略：以海外销售收入的实现为例［J］. 世界经济研究（5）：83-102.

翟胜宝，童丽静，伍彬，2020. 控股股东股权质押与企业银行贷款——基于我国上市公司的实证研究［J］. 会计研究（6）：75-92.

丁龙飞，谢获宝，韩忠雪，2020. 子公司自主权、财务公司与短贷长投［J］. 金融经济学研究，35（4）：146-160.

杜善重，2022.家族企业创新投入中的"非家族力量"——基于股东治理的视角［J］.南开管理评论，25（5）：4-15.

段云，王福胜，王正位，2011.多个大股东存在下的董事会结构模型及其实证检验［J］.南开管理评论，14（1）：54-64.

方军雄，2007.所有制、制度环境与信贷资金配置［J］.经济研究（12）：82-92.

冯晓晴，文雯，靳毓，2020.多个大股东与企业社会责任［J］.财经论丛（10）：64-74.

冯晓晴，文雯，2020.多个大股东与企业风险承担［J］.中南财经政法大学学报（2）：25-36.

符号亮，丁杰，袁鲲，2020.非控股股东对行权企业风险承担的行权效应、影响边界与传导路径［J］.经济与管理研究，41（12）：108-123.

甘丽凝，丛男，张奇峰，2016.产权性质、市场化程度与资本结构非对称调整［J］.会计与经济研究，30（1）：90-106.

高磊，晓芳，王彦东，2020.多个大股东、风险承担与企业价值［J］.南开管理评论，23（5）：124-133.

高燕，杨桐，杜为公，2016.全流通背景下非控股大股东"用脚投票"发挥治理效应了吗？［J］.江西社会科学，36（10）：73-80.

高友才，刘孟晖，2012.终极控制人股权特征与公司投融资策略研究——来自中国制造业上市公司的经验证据［J］.中国工业经济（7）：96-108.

顾研，周强龙，2018.政策不确定性、财务柔性价值与资本结构动态调整［J］.世界经济，41（6）：102-126.

官峰，李娟，段尚尚，2016.监督成本对股东减持的影响分析：股权分置改革角度[J]. 经济社会体制比较（4）：106-119.

郝威亚, 魏玮, 温军, 2016. 经济政策不确定性如何影响企业创新？——实物期权理论作用机制的视角[J]. 经济管理, 38（10）：40-54.

郝项超, 梁琪, 2009. 最终控制人股权质押损害公司价值么？[J]. 会计研究（7）：57-63.

郝云宏, 汪茜, 王淑贤, 2015. 第二大股东对第一大股东的制衡路径分析——基于中国民营企业与国有企业的多案例研究[J]. 商业经济与管理（12）：25-33.

胡建雄, 殷钱茜, 2019. 退出威胁能抑制"铁公鸡"公司的不分红行为吗？[J]. 财经论丛（10）：64-73.

胡诗阳, 陆正飞, 2015. 非执行董事对过度投资的抑制作用研究——来自中国A股上市公司的经验证据[J]. 会计研究（11）：41-48.

黄继承, 阚铄, 朱冰, 等, 2016. 经理薪酬激励与资本结构动态调整[J]. 管理世界（11）：156-171.

黄继承, 朱冰, 向东, 2014. 法律环境与资本结构动态调整[J]. 管理世界（5）：142-156.

黄俊威, 龚光明, 2019. 融资融券制度与公司资本结构动态调整——基于"准自然实验"的经验证据[J]. 管理世界, 35（10）：64-81.

贾钢, 李婉丽, 2008. 多个大股东制衡结构的形成及其对公司价值的影响——基于股权结构内生性视角[J]. 软科学（4）：38-42.

姜付秀, 蔡欣妮, 朱冰, 2018. 多个大股东与股价崩盘风险[J]. 会计研究（1）：68-74.

姜付秀, 马云飙, 王运通, 2015. 退出威胁能抑制控股股东私利行为吗？[J].

管理世界（5）：147-159.

姜付秀，申艳艳，蔡欣妮，等，2020. 多个大股东的公司治理效应：基于控股股东股权质押视角［J］. 世界经济，43（2）：74-98.

姜付秀，王运通，田园，等，2017. 多个大股东与企业融资约束——基于文本分析的经验证据［J］. 管理世界（12）：61-74.

金宇超，靳庆鲁，宣扬，2016. "不作为"或"急于表现"：企业投资中的政治动机［J］. 经济研究，51（10）：126-139.

靳庆鲁，侯青川，李刚，等，2015. 放松卖空管制、公司投资决策与期权价值［J］. 经济研究，50（10）：76-88.

靳庆鲁，孔祥，侯青川，2012. 货币政策、民营企业投资效率与公司期权价值［J］. 经济研究，47（5）：96-106.

靳庆鲁，薛爽，郭春生，2010. 市场化进程影响公司的增长与清算价值吗？［J］. 经济学（季刊），9（4）：1485-1504.

柯艳蓉，李玉敏，2019. 控股股东股权质押、投资效率与公司期权价值［J］. 经济管理，41（12）：123-139.

赖黎，唐芸茜，夏晓兰，等，2019. 董事高管责任保险降低了企业风险吗？——基于短贷长投和信贷获取的视角［J］. 管理世界，35（10）：160-171.

类承曜，徐泽林，2020. 股东治理会影响债券信用利差吗？——基于多个大股东的视角［J］. 投资研究，39（12）：23-43.

李常青，李宇坤，李茂良，2018. 控股股东股权质押与企业创新投入［J］. 金融研究（7）：143-157.

李常青，幸伟，2017. 控股股东股权质押与上市公司信息披露［J］. 统计研究，34（12）：75-86.

李凤羽，杨墨竹，2015. 经济政策不确定性会抑制企业投资吗？——基于中国经济政策不确定指数的实证研究［J］. 金融研究（4）：115-129.

李广子，刘力，2009. 债务融资成本与民营信贷歧视［J］. 金融研究（12）：137-150.

李蒙，李秉祥，张涛，2021. 非控股大股东退出威胁对"自利性"捐赠的治理作用——基于控股股东股权质押视角［J］. 南开管理评论：1-25.

李青原，王红建，2013. 货币政策、资产可抵押性、现金流与公司投资——来自中国制造业上市公司的经验证据［J］. 金融研究（6）：31-45.

李姝，翟士运，古朴，2018. 非控股股东参与决策的积极性与企业技术创新［J］. 中国工业经济（7）：155-173.

李贤，段俊斌，陈欣，2020. 大股东股权质押如何影响上市公司市值管理？——基于过度投资与投机活跃度的证据［J］. 山东社会科学（12）：127-134.

李翔，邓可斌，2014. 外资大股东能抑制现金股利隧道效应吗？——基于中国上市公司的实证研究［J］. 产经评论，5（2）：132-147.

李鑫，李香梅，2014. 代理冲突、公司治理因素的激励约束效应与资本配置效率［J］. 管理世界（11）：166-167.

李燕平，高雅，2018. 控制权竞争和公司债务期限结构研究［J］. 财经理论与实践，39（2）：81-87.

李增福，陈俊杰，连玉君，等，2022. 经济政策不确定性与企业短债长用［J］. 管理世界，38（1）：77-89.

廖静，刘星，2020. 稳定型机构投资者退出威胁能够抑制国有企业过度投资吗？[J]. 现代财经（天津财经大学学报），40（6）：47-62.

廖珂，崔宸瑜，谢德仁，2018. 控股股东股权质押与上市公司股利政策选择[J]. 金融研究（4）：172-189.

林川，2020. 外资股东退出威胁与股价崩盘风险[J]. 当代财经（9）：127-137.

刘刚，李佳，梁晗，2020. 股权结构、产权性质与债券融资成本——基于中国上市公司的实证研究[J]. 经济理论与经济管理（3）：34-50.

刘海明，曹廷求，2017. 信贷供给周期对企业投资效率的影响研究——兼论宏观经济不确定条件下的异质性[J]. 金融研究（12）：80-94.

刘井建，郭文丽，纪丹宁，2015. 公司投资不足与投资过度一定是低效率吗——基于最优预期法和敏感系数法的比较[J]. 投资研究，34（7）：121-131.

刘少波，孙兰，邓可斌，2014. 外资大股东持股与商业银行绩效关系研究[J]. 证券市场导报（3）：53-59.

刘树海，韩传模，2012. 代理成本视角的股权结构与资本结构调整[J]. 现代财经（天津财经大学学报），32（11）：81-88.

刘晓光，刘元春，2019. 杠杆率、短债长用与企业表现[J]. 经济研究，54（7）：127-141.

刘星，窦炜，2009. 基于控制权私有收益的企业非效率投资行为研究[J]. 中国管理科学，17（5）：156-165.

逯东，黄丹，杨丹，2019. 国有企业非实际控制人的董事会权力与并购效率[J]. 管理世界，35（6）：119-141.

罗宏，黄婉，2020. 多个大股东并存对高管机会主义减持的影响研究[J].

管理世界，36（8）：163-178．

罗宏，贾秀彦，陈小运，2018．审计师对短贷长投的信息识别——基于审计意见的证据［J］．审计研究（6）：65-72．

罗宏，贾秀彦，吴君凤，2021．内部控制质量与企业投融资期限错配［J］．国际金融研究（9）：76-85．

吕怀立，李婉丽，2015．多个大股东是否具有合谋动机？——基于家族企业非效率投资视角［J］．管理评论，27（11）：107-117．

马红，侯贵生，王元月，2018．产融结合与我国企业投融资期限错配——基于上市公司经验数据的实证研究［J］．南开管理评论，21（3）：46-53．

马影，王满，马勇，等，2019．监督还是合谋：多个大股东与公司内部控制质量［J］．财经理论与实践，40（2）：83-90．

牛瑞阳，陈琳，李瑞涛，等，2021．多个大股东与审计定价——基于中国家族企业的研究［J］．外国经济与管理，43（6）：57-73．

彭牧泽，靳庆鲁，2023．税收征管、公司投资决策与期权价值［J］．南开管理评论，26（1）：18-30．

钱爱民，吴春天，朱大鹏，2023．民营企业混合所有制能促进实体经济"脱虚返实"吗？［J］．南开管理评论，26（1）：134-145．

钱爱民，张晨宇，2018．股权质押与信息披露策略［J］．会计研究（12）：34-40．

饶品贵，岳衡，姜国华，2017．经济政策不确定性与企业投资行为研究［J］．世界经济，40（2）：27-51．

沈红波，华凌昊，郎宁，2019．地方国有企业的投融资期限错配：成因与治理［J］．财贸经济，40（1）：70-82．

盛明泉，张春强，王烨，2016. 高管股权激励与资本结构动态调整［J］. 会计研究（2）：44-50.

盛明泉，张敏，马黎珺，等，2012. 国有产权、预算软约束与资本结构动态调整［J］. 管理世界（3）：151-157.

苏冬蔚，熊家财，2013. 股票流动性、股价信息含量与CEO薪酬契约［J］. 经济研究，48（11）：56-70.

孙凤娥，2019. 投融资期限错配：制度缺陷还是管理者非理性［J］. 金融经济学研究，34（1）：94-110.

孙泽宇，齐保垒，2022. 多个大股东与企业金融化［J］. 管理工程学报，36（3）：62-77.

覃志刚，陈茂南，2020. 多个大股东与公司业绩——基于我国A股上市公司的经验［J］. 技术经济，39（6）：89-98.

唐玮，夏晓雪，姜付秀，2019. 控股股东股权质押与公司融资约束［J］. 会计研究（6）：51-57.

田昆儒，田雪丰，2019. 多个大股东、创新投资与市场表现——基于倾向得分匹配法（PSM）的分析［J］. 华东经济管理，33（12）：119-128.

汪茜，郝云宏，叶燕华，2017. 多个大股东结构下第二大股东的制衡动因分析［J］. 经济与管理研究，38（4）：115-123.

汪伟，张少辉，2022.《社会保险法》实施是否缓解了企业投融资期限错配［J］. 财贸经济，43（3）：34-49.

王爱群，刘耀娜，2021a. 非控股大股东退出威胁与创新投资——基于产品市场竞争程度与财富集中度的研究［J］. 华东经济管理，35（5）：47-60.

王爱群，刘耀娜，2021b. 非控股大股东退出威胁与企业创新效率［J］. 财经论丛（11）：89-101.

王红建，李青原，邢斐，2014. 经济政策不确定性、现金持有水平及其市场价值［J］. 金融研究（9）：53-68.

王红建，杨筝，阮刚铭，等，2018. 放松利率管制、过度负债与债务期限结构［J］. 金融研究（2）：100-117.

王化成，高升好，张伟华，2013. 行为金融与资本结构动态调整：基于损失规避视角的探讨［J］. 财贸经济（10）：49-58.

王美英，陈宋生，曾昌礼，等，2020. 混合所有制背景下多个大股东与风险承担研究［J］. 会计研究（2）：117-132.

王晓亮，邓可斌，2020a. 董事会非正式层级会提升资本结构决策效率吗？［J］. 会计研究（8）：77-90.

王晓亮，邓可斌，2020b. 董事会性别断裂带与资本结构决策效率提升［J］. 经济管理，42（11）：160-176.

王运通，姜付秀，2017. 多个大股东能否降低公司债务融资成本［J］. 世界经济，40（10）：119-143.

王志芳，索成瑞，2022. 非控股大股东退出威胁与企业并购绩效［J］. 经济问题（3）：74-83.

魏锋，陈莹莹，2022. 多个大股东与现金股利分配研究［J］. 重庆大学学报（社会科学版），28（3）：82-96.

吴磊磊，陈伟忠，刘敏慧，2011. 公司章程和小股东保护——来自累积投票条款的实证检验［J］. 金融研究（2）：160-171.

吴秋生，独正元，2022. 非国有董事治理积极性与国企资产保值增值——来自董事会投票的经验证据［J］. 南开管理评论（3）：129-138.

肖继辉，李辉煌，2019. 银行业竞争与微观企业投融资期限错配［J］. 南京审计大学学报，16（3）：38-45.

肖作平，廖理，2007. 大股东、债权人保护和公司债务期限结构选择——来自中国上市公司的经验证据［J］. 管理世界（10）：129-138.

谢德仁，廖珂，郑登津，2017. 控股股东股权质押与开发支出会计政策隐性选择［J］. 会计研究（3）：30-38.

谢德仁，廖珂，2018. 控股股东股权质押与上市公司真实盈余管理［J］. 会计研究（8）：21-27.

谢伟峰，陈省宏，2020. 经济政策不确定性、会计稳健性与公司投资效率——中国A股上市的民营企业为证据［J］. 技术经济，39（11）：118-126.

辛清泉，梁政山，郭磊，2013. 非控股股东派驻董事与国有企业总经理变更研究［J］. 证券市场导报（4）：45-49.

熊风华，黄俊，2016. 股权集中度、大股东制衡与公司绩效［J］. 财经问题研究（5）：69-75.

徐亚琴，陈娇娇，2020. 利率市场化能抑制企业投融资期限错配么？［J］. 审计与经济研究，35（5）：116-127.

亚琨，罗福凯，李启佳，2018. 经济政策不确定性、金融资产配置与创新投资［J］. 财贸经济，39（12）：95-110.

阳春花，王菁华，2020. 大股东退出威胁与企业税收规避［J］. 现代经济探讨（12）：39-49.

杨清香，俞麟，胡向丽，2010. 不同产权性质下股权结构对投资行为的影响——来自中国上市公司的经验证据［J］. 中国软科学（7）：142-150.

杨志强，李增泉，2018. 混合所有制、环境不确定性与投资效率——基于产权专业化视角［J］.上海财经大学学报,20（2）:4-24.

叶陈刚,张琦,黄冠华,2020.大股东股权质押与企业投资效率——基于我国A股上市公司的经验证据［J］.技术经济,39（7）:159-168.

叶永卫,李增福,2021.国企"混改"与企业金融资产配置［J］.金融研究（3）:114-131.

叶勇,蓝辉旋,李明,2013.多个大股东股权结构与公司业绩研究［J］.预测,32（2）:26-30.

余怒涛,张华玉,李文文,2021a.非控股大股东退出威胁究竟威胁了谁?——基于企业投资效率的分析［J］.中央财经大学学报（2）:55-72.

余怒涛,张华玉,刘昊,2023.非控股大股东与企业金融化:蓄水池还是套利工具?［J］.南开管理评论（2）:96-107.

余怒涛,张华玉,秦清,2021b.非控股大股东与企业违规行为:治理抑或合谋［J］.财务研究（6）:60-72.

余怒涛,张华玉,朱宇翔,2021c.大股东异质性、退出威胁与财务报告质量——基于我国融资融券制度的自然实验［J］.会计研究（3）:45-61.

张博,韩亚东,李广众,2021.高管团队内部治理与企业资本结构调整——基于非CEO高管独立性的视角［J］.金融研究（2）:153-170.

张国清,2010.多个终极大股东、产权组合与公司绩效［J］.经济管理,32（10）:66-73.

张任之,2019.非国有股东治理能够抑制国有企业高管腐败吗?［J］.经济与管理研究,40（8）:129-144.

张伟华,高冰莹,刘金钊,2021.混合所有制改革对国有企业冗余雇员的影响［J］.中国软科学（2）:98-110.

张新民，叶志伟，2021. 得"信"者多助？——社会信任能缓解企业短贷长投吗？［J］. 外国经济与管理，43（1）：44-57.

张志平，凌士显，吕风光，2021. 混合所有制改革背景下异质性大股东治理效应研究——基于并购价值视角的实证分析与检验［J］. 现代财经（天津财经大学学报），41（9）：78-95.

赵国宇，2019. CEO会利用多个大股东"制衡"从中获利吗？——来自CEO超额薪酬的经验证据［J］. 外国经济与管理，41（8）：126-139.

赵彦锋，王桂祯，胡著伟，2022. 多个大股东能抑制实体企业金融化吗？［J］. 现代财经（天津财经大学学报），42（1）：81-99.

郑曼妮，黎文靖，柳建华，2018. 利率市场化与过度负债企业降杠杆：资本结构动态调整视角［J］. 世界经济，41（8）：149-170.

郑啸，2016. 民营企业股权制衡与债务期限结构研究［J］. 经营与管理（11）：100-103.

钟凯，程小可，张伟华，2016. 货币政策适度水平与企业"短贷长投"之谜［J］. 管理世界（3）：87-98.

钟凯，邓雅文，董晓丹，2019. 短贷长投与企业风险［J］. 财务研究（6）：94-104.

钟凯，刘金钊，王化成，2018. 家族控制权会加剧企业资金期限结构错配吗？——来自中国非国有上市公司的经验证据［J］. 会计与经济研究，32（2）：3-20.

周中胜，罗正英，周秀园，等，2017. 内部控制、企业投资与公司期权价值［J］. 会计研究（12）：38-44.

朱冰，张晓亮，郑晓佳，2018. 多个大股东与企业创新［J］. 管理世界，34

（7）：151-165.

朱新蓉，熊礼慧，2020. 股权质押、内部控制与非效率投资［J］. 中南财经政法大学学报（3）：97-106.

祝继高，李天时，YANG Tianxia，2021. 董事会中的不同声音：非控股股东董事的监督动机与监督效果［J］. 经济研究，56（5）：180-198.

祝继高，陆正飞，2012. 融资需求、产权性质与股权融资歧视——基于企业上市问题的研究［J］. 南开管理评论，15（4）：141-150.

祝继高，叶康涛，陆正飞，2015. 谁是更积极的监督者：非控股股东董事还是独立董事？［J］. 经济研究，50（9）：170-184.

二、英文期刊类

ACHARYA V V, AMIHUD Y, LITOV L, 2011. Creditor Rights and Corporate Risk-Taking［J］. Journal of Financial Economics, 102(1):150-166.

ALMEIDA H, CAMPELLO M, 2007. Financial Constraints, asset Tangibility, and Corporate investment［J］. The Review of Financial Studies, 20(5):1429-1460.

ANDERSON R, PULEO M, 2020. Insider Share-Pledging and Equity Risk［J］. Journal of Financial Services Research, 58(1):1-25.

ATTIG N, GHOUL E S, GUEDHAMI O, et al, 2013. The Governance Role of Multiple Large Shareholders: Evidence from the Valuation of cash Holdings［J］. Journal of Management and Governance, 17(2):419-451.

ATTIG N, GHOUL S E, GUEDHAMI O, 2009. Do Multiple Large Shareholders

Play a Corporate Governance Role? Evidence from East Asia [J]. Journal of Financial Research, 32(4): 395-422.

ATTIG N, GUEDHAMI O, MISHRA D, 2008. Multiple Large Shareholders, Control Contests, and Implied Cost of Equity [J]. Journal of Corporate Finance, 14(5):721-737.

BAI C E, LU J, TAO Z, 2006. The Multitask Theory of State enterprise Reform: Empirical Evidence from China [J]. The American Economic Review, 96(2):353-357.

BAKER S R, BLOOM N, DAVIS S J, 2016. Measuring Economic Policy Uncertainty [J]. The Quarterly Journal of Economics, 131(4):1593-1636.

BARCLAY M J, SMITH C W, 1995. The Maturity Structure of Corporate debt [J]. The Journal of Finance, 50(2):609-631.

BAUMC F, CAGLAYAN M, TALAVERA O, 2010. On the Sensitivity of firms' investment to cash Flow and Uncertainty [J]. Oxford Economic Papers, 62(2):286-306.

BEBCHUK L A, STOLE L A, 1993. Do Short-Term Objectives Lead to Under- or Overinvestment in Long Term Projects? [J]. The Journal of Finance, 48(2):719-729.

BENMELECH E, BERGMAN N K, 2009. collateral Pricing [J]. Journal of Financial Economics, 91(3):339-360.

BEN-NASR H, BOUBAKER S, ROUATBI W, 2015. Ownership Structure, Control Contestability, and Corporate debt Maturity [J]. Journal of Corporate Finance, 35(C):265-285.

BENNEDSEN M, WOLFENZON D, 2000. The Balance of Power in Closely Held Corporations [J]. Journal of Financial Economics, 58(1-2):113-139.

BERGER A N, FRAME W S, IOANNIDOU V, 2011. Tests of Ex Ante Versus Ex Post Theories of collateral Using Private and Public Information [J]. Journal of Financial Economics, 100(1): 85-97.

BERGER P G, OFEK E, YERMACK D L, 1997. Managerial Entrenchment and Capital Structure Decisions [J]. The Journal of Finance, 52(4):1411-1438.

BERNANKE B S, 1983. Irreversibility, Uncertainty, and Cyclical investment [J]. The Quarterly Journal of Economics, 98(1): 85.

BERTRAND M, MULLAINATHAN S, 2003. Enjoying the Quiet Life? Corporate Governance and Managerial Preferences [J]. Journal of Political Economy, 111(5):1043-1075.

BHARATH S T, JAYARAMAN S, NAGAR V, 2013. exit as Governance: an Empirical Analysis [J]. The Journal of Finance, 68(6):2515-2547.

BIDDLE G C, HILARY G, VERDI R S, 2009. How Does Financial Reporting Quality Relate to investment Efficiency? [J]. Journal of Accounting and Economics, 48(2-3):112-131.

BIDDLE G C, HILARY G, 2006. Accounting Quality and firm-level Capital investment [J]. The Accounting Review, 81(5):963-982.

BILLETT T M, GARFINKEL A J, JIANG Y, 2011. The Influence of Governance on investment: Evidence from a Hazard Model [J]. Journal of Financial Economics, 102(3):643-670.

BLOOM N, BOND S, VAN REENEN J, 2007. Uncertainty and investment

Dynamics [J]. The Review of Economic Studies, 74(2):391-415.

BOATENG A, HUANG W, 2017. Multiple Large Shareholders, Excess leverage and Tunneling: Evidence from an Emerging Market [J]. Corporate Governance: An International Review, 25(1):58-74.

BOUBAKER S, ROUATBI W, SAFFAR W, 2017. The Role of Multiple Large Shareholders in the Choice of debt Source [J]. Financial Management, 46(1):241-274.

BRANDT L, LI H, 2003. Bank Discrimination in Transition Economies: Ideology, Information, or Incentives? [J]. Journal of Comparative Economics, 31(3):387-413.

BRUSLERIE L D H, LATROUS I, 2012. Ownership Structure and debt leverage: Empirical Test of a Trade-Off Hypothesis on French firms [J]. Journal of Multinational Financial Management, 22(4):111-130.

BURGSTAHLER D C, DICHEV I D, 1997. Earnings, Adaptation and Equity Value [J]. The Accounting Review, 72(2):187-215.

BYOUN S, 2008. How and When Do firms Adjust Their Capital Structures toward Targets? [J]. The Journal of Finance, 63(6):3069-3096.

CAI C X, HILLIER D, WANG J, 2016. The Cost of Multiple Large Shareholders [J]. Financial Management, 45(2):401-430.

CAO F, PENG S, YE K, 2019. Multiple Large Shareholders and Corporate Social Responsibility Reporting [J]. Emerging Markets Review, 38(C):287-309.

CASADO B R, BURKERT M, DÁVILA A, et al, 2016. Shareholder Protection: the Role of Multiple Large Shareholders [J]. Corporate Governance: an

International Review, 24(2): 105-129.

CHAN K, CHEN H K, HU S Y, et al, 2018. Share Pledges and Margin Call Pressure [J]. Journal of Corporate Finance, 52(C):96-117.

CHANEY T, SRAER D, THESMAR D, 2012. The collateral Channel: how Real Estate Shocks Affect Corporate investment [J]. American Economic Review, 102(6):2381-2409.

CHEN F Q, HUYGHEBAERT N, LIN S, et al, 2019. Do Multiple Large Shareholders Reduce agency Problems in State-Controlled Listed firms? Evidence from China [J]. Pacific-Basin Finance Journal, 57(C):101203.

CHEN S, SUN Z, TANG S, et al, 2011. Government Intervention and investment Efficiency: Evidence from China [J]. Journal of Corporate Finance, 17(2):259-271.

CHEN Z H, KE B, YANG Z F, 2013. Minority Shareholders' Control Rights and the Quality of Corporate Decisions in Weak investor Protection Countries: a Natural Experiment from China [J]. The Accounting Review, 88(4):1211-1238.

CHENG M Y, LIN B, LU R, et al, 2020a. Non-Controlling Large Shareholders in Emerging Markets: Evidence from China [J]. Journal of Corporate Finance, 63(C):101259.

CHENG M, LIN B, WEI M, 2013. How Does the Relationship between Multiple Large Shareholders Affect Corporate Valuations? Evidence from China [J]. Journal of Economics and Business, 70(C):43-70.

CHENG M, LIU J, ZHANG L, 2020b. Tunneling through Allies: Affiliated

Shareholders, Insider Trading, and Monitoring Failure [J]. International Review of Economics & Finance, 67(C): 323-345.

CUSTÓDIO C, FERREIRA A M, LAUREANO L, 2013. Why Are US firms Using More Short-Term debt? [J]. Journal of Financial Economics, 108(1):182-212.

DIAMOND D W, 1991. debt Maturity Structure and Liquidity Risk [J]. The Quarterly Journal of Economics, 106(3):709-737.

DOU Y W, HOPE O, THOMAS B W, et al, 2018. Blockholder exit Threats and Financial Reporting Quality [J]. Contemporary Accounting Research, 35(2):1004-1028.

DOU Y, MASULIS W R, ZEIN J, 2019. Shareholder Wealth Consequences of Insider Pledging of Company Stock as collateral for Personal Loans [J]. The Review of Financial Studies, 32(12):4810-4854.

DYCK A, ZINGALES L, 2004. Private Benefits of Control: an International Comparison [J]. The Journal of Finance, 59(2):537-600.

EDMANS A, FANG V W, ZUR E, 2013. The Effect of Liquidity on Governance[J]. The Review of Financial Studies, 26(6):1443-1482.

EDMANS A, MANSO G, 2011. Governance through Trading and Intervention:a Theory of Multiple Blockholders [J]. The Review of Financial Studies, 24(7):2395-2428.

EDMANS A, 2009. Blockholder Trading, Market Efficiency, and Managerial Myopia [J]. The Journal of Finance, 64(6):2481-2513.

FANG Y L, HU M, YANG Q, 2018. Do Executives Benefit from Shareholder

Disputes? Evidence from Multiple Large Shareholders in Chinese Listed firms [J].Journal of Corporate Finance, 51(C): 275-315.

FAULKENDER M, FLANNERY M J, HANKINS K W, et al, 2012. cash Flows and leverage Adjustments [J]. Journal of Financial Economics, 103(3):632-646.

FAZZARI S M, HUBBARD R G, PETERSEN B C, 1988. Financing Constraints and Corporate investment [J]. Brookings Papers on Economic Activity, 19(1):141-206.

FISCHER E O, HEINKEL R, ZECHNER J, 1989. Dynamic Capital Structure Choice: Theory and Tests [J]. The Journal of Finance, 44(1):19-40.

FLANNERY M J, RANGAN K P, 2006. Partial Adjustment toward Target Capital Structures [J]. Journal of Financial Economics, 79(3):469-506.

FLANNERY M J, 1986. Asymmetric Information and Risky debt Maturity Choice [J]. The Journal of Finance, 41(1):19-37.

FRANK M Z, GOYAL V K, 2004. The Effect of Market Conditions on Capital Structure Adjustment [J]. Finance Research Letters, 1(1):47-55.

GOPALAN R, SONG F, YERRAMILLI V, 2014. debt Maturity Structure and Credit Quality [J]. Journal of Financial and Quantitative Analysis, 49(4):817-842.

GOYAL V K, WANG W, 2013. debt Maturity and Asymmetric Information: Evidence from Default Risk Changes [J]. Journal of Financial and Quantitative Analysis, 48(3):789-817.

GROSSMAN S J, HART O D, 1980. Takeover Bids, the Free-Rider Problem, and the Theory of the Corporation [J]. The Bell Journal of Economics, 11(1):42-64.

GULEN H, ION M, 2016. Policy Uncertainty and Corporate investment [J]. The Review of Financial Studies, 29(3):523-564.

GUTIÉRREZ L H, POMBO C, 2009. Corporate Ownership and Control Contestability in Emerging Markets: the Case of Colombia [J]. Journal of Economics and Business, 61(2):112-139.

HAYASHI F, 1982. Tobin's Marginal Q and Average Q: a Neoclassical Interpretation [J]. Econometrica, 50(1):213-224.

HELLING R A, MAURY B, LILJEBLOM E, 2020. exit as Governance: Do Blockholders Affect Corporate Innovation in Large US firms? [J]. ACCOUNTING & FINANCE, 60(2): 1703-1725.

HERNÁNDEZ-CÁNOVAS G, MÍNGUEZ-VERA A, SÁNCHEZ-VIDAL J, 2016. Ownership Structure and debt as Corporate Governance Mechanisms: an Empirical Analysis for Spanish SMEs [J]. Journal of Business Economics and Management, 17(6):960-976.

HOLMSTRÖM B, TIROLE J, 1993. Market Liquidity and Performance Monitoring [J]. Journal of Political Economy, 101(4):678-709.

HOPE O, WU H, ZHAO W, 2017. Blockholder exit Threats in the Presence of Private Benefits of Control [J]. Review of Accounting Studies, 22(2):873-902.

HUANG Y, LUK P, 2020. Measuring Economic Policy Uncertainty in China [J]. China Economic Review, 59(C):101367.

HUI Z Y, FANG H Y, 2022. Does Non-Controlling Large Shareholder Monitoring Improve CEO Incentives? [J]. Emerging Markets Finance and Trade,

58(5):1262-1275.

JARA-BERTIN M, LÓPEZ-ITURRIAGA F J, LÓPEZ-DE-FORONDA Ó, 2008. The Contest to the Control in European Family firms: How Other Shareholders Affect firm Value [J] .Corporate Governance: an International Review, 16(3):146-159.

JENSEN M C, MECKLING W H, 1976. Theory of the firm: Managerial Behavior, agency Costs and Ownership Structure [J]. Journal of Financial Economics, 3(4):305-360.

JENSEN M C, 1986. agency Costs of Free cash Flow, Corporate Finance, and Takeovers [J]. American Economic Review, 76(2):323-329.

JIANG F X, CAI W, WANG X, et al, 2018. Multiple Large Shareholders and Corporate investment: Evidence from China [J]. Journal of Corporate Finance, 50(C):66-83.

JIANG G, LEE C M C, YUE H, 2010. Tunneling through Intercorporate Loans: the China Experience [J]. Journal of Financial Economics, 98(1):1-20.

JOHNSON S, PORTA R L, SILANES F L D, et al, 2000. Tunneling [J]. The American Economic Review, 90(2):22-27.

KAHL M, SHIVDASANI A, WANG Y, 2015. Short-Term debt as Bridge Financing: Evidence from the Commercial Paper Market [J]. The Journal of Finance, 70(1):211-255.

KRAUS A, LITZENBERGER R H, 1973. A State-Preference Model of Optimal Financial leverage [J]. The Journal of Finance, 28(4):911-922.

KYLE A S, VILA J-L, 1991. Noise Trading and Takeovers [J]. The RAND

Journal of Economics, 22(1):54-71.

LAEVEN L, LEVINE R, 2008. Complex Ownership Structures and Corporate Valuations [J]. The Review of Financial Studies, 21(2):579-604.

LAMBRECHT B M, MYERS S C, 2008. debt and Managerial Rents in a Real-Options Model of the firm [J]. Journal of Financial Economics, 89(2):209-231.

LEARY M T, ROBERTS M R, 2005. Do firms Rebalance Their Capital Structures? [J]. The Journal of Finance, 60(6):2575-2619.

LEHMANN E, WEIGAND J, 2000. Does the Governed Corporation Perform Better? Governance Structures and Corporate Performance in Germany [J]. Review of Finance, 4(2):157-195.

LI K, YUE H, ZHAO L, 2009. Ownership, Institutions, and Capital Structure: Evidence from China [J]. Journal of Comparative Economics, 37(3):471-490.

LIN C, MA Y, MALATESTA P, et al, 2011. Ownership Structure and the Cost of Corporate Borrowing [J]. Journal of Financial Economics, 100(1):1-23.

LIN J, CAI F, LI Z, 1998. Competition, Policy Burdens, and State-Owned enterprise Reform [J]. The American Economic Review, 88(2):422-427.

LIN S, CHEN F, WANG L, 2020. Identity of Multiple Large Shareholders and Corporate Governance: Are State-Owned Entities Efficient MLS? [J]. Review of Quantitative Finance and Accounting, 55(4):1305-1340.

LIN T J, TSAI H F, IMAMAH N, et al, 2016. Does the Identity of Multiple Large Shareholders Affect the Value of Excess cash? Evidence from China [J].

Pacific-Basin Finance Journal, 40(ptaA):173-190.

LIU Q, TIAN G, 2012. Controlling Shareholder, Expropriations and firm's leverage Decision: Evidence from Chinese Non-Tradable Share Reform [J]. Journal of Corporate Finance, 18(4):782-803.

LUO Q, LI H, ZHANG B, 2015. Financing Constraints and the Cost of Equity: Evidence on the Moral Hazard of the Controlling Shareholder [J]. International Review of Economics and Finance, 36（C）:99-106.

MASULIS R W, WANG C, XIE F, 2009. agency Problems at dual-Class Companies [J]. The Journal of Finance, 64(4):1697-1727.

MAUG E, 1998. Large Shareholders as Monitors: Is There a Trade-Off between Liquidity and Control? [J]. The Journal of Finance, 53(1):65-98.

MAURY B, PAJUSTE A, 2005. Multiple Large Shareholders and firm Value [J]. Journal of Banking & Finance, 29(7):1813-1834.

MCDONALD R, SIEGEL D, 1986. The Value of Waiting to invest [J]. The Quarterly Journal of Economics, 101(4):707-727.

MISHRA R D, 2011. Multiple Large Shareholders and Corporate Risk Taking: Evidence from East Asia [J]. Corporate Governance: an International Review, 19(6):507-528.

MODIGLIANI F, MILLER M H, 1958. The Cost of Capital, Corporation Finance and the Theory of investment [J]. The American Economic Review, 48(3):261-297.

MORELLEC E, NIKOLOV B, SCHÜRHOFF N, 2012. Corporate Governance and Capital Structure Dynamics [J]. The Journal of Finance, 67(3):803-848.

MORRIS J R, 1976. On Corporate debt Maturity Strategies [J]. The Journal of Finance, 31(1): 29-37.

MYERS S C, MAJLUF N S, 1984. Corporate Financing and investment Decisions When firms Have Information That investors Do Not Have [J]. Journal of Financial Economics, 13(2): 187-221.

MYERS S C, 1984. The Capital Structure Puzzle [J]. The Journal of Finance, 39(3):574-592.

NAGAR V, SCHOENFELD J, WELLMAN L, 2019. The Effect of Economic Policy Uncertainty on investor Information Asymmetry and Management Disclosures [J]. Journal of Accounting and Economics, 67(1):36-57.

NARAYANAN M P, 1985. Managerial Incentives for Short-Term Results [J]. The Journal of Finance, 40(5):1469-1484.

NIINIMÄKI J P, 2011. Nominal and True Cost of Loan collateral [J]. Journal of Banking & Finance, 35(10):2782-2790.

NORDEN L, KAMPEN V S, 2013. Corporate leverage and the collateral Channel [J]. Journal of Banking & Finance, 37(12):5062-5072.

NORLI Ø, OSTERGAARD C, SCHINDELE I, 2015. Liquidity and Shareholder Activism [J]. The Review of Financial Studies, 28(2):486-520.

OHLSON J A, 1995. Earnings, Book Values, and Dividends in Equity Valuation[J]. Contemporary Accounting Research, 11(2):661-687.

OUYANG C, XIONG J, HUANG K, 2020. Do Multiple Large Shareholders Affect Tax Avoidance? Evidence from China [J]. International Review of Economics and Finance, 67(C):207-224.

PAGANO M, RÖELL A, 1998. The Choice of Stock Ownership Structure:agency Costs, Monitoring, and the Decision to Go Public [J]. The Quarterly Journal of Economics, 113(1): 187-225.

PALIGOROVA T, XU Z, 2012. Complex Ownership and Capital Structure [J]. Journal of Corporate Finance, 18(4):701-716.

PANG C, WANG Y, 2020. Stock Pledge, Risk of Losing Control and Corporate Innovation [J]. Journal of Corporate Finance, 60(C):101534.

PINDADO J, TORRE C D L, 2011. Capital Structure: New Evidence from the Ownership Structure [J]. International Review of Finance, 11(2):213-226.

PINDADO J, TORRE C D L, 2009. Effect of Ownership Structure on Underinvestment and Overinvestment: Empirical Evidence from Spain [J]. Accounting and Finance, 49(2): 363-383.

PORTA R L, LOPEZ-DE-SILANES F, SHLEIFER A, et al, 2000. agency Problems and Dividend Policies around the World [J]. The Journal of Finance, 55(1):1-33.

QIAN Y, TIAN Y, WIRJANTO T S, 2009. Do Chinese Publicly Listed Companies Adjust Their Capital Structure toward a Target level? [J]. China Economic Review, 20(4):662-676.

RAMPINI A A, VISWANATHAN S, 2013. collateral and Capital Structure [J]. Journal of Financial Economics, 109(2):466-492.

RICHARDSON S, 2006. Over-investment of Free cash Flow [J]. Review of Accounting Studies, 11(2-3):159-189.

ROBICHEK A A, VAN HORNE J C, 1967. Abandonment Value and Capital

Budgeting [J]. The Journal of Finance, 22(4):577-589.

RODRIK D, 1991. Policy Uncertainty and Private investment in developing Countries [J]. Journal of development Economics, 36(2):229-242.

RUBINSTEIN M E, 1973. A Mean-Variance Synthesis of Corporate Financial Theory [J]. The Journal of Finance, 28(1):167-181.

SCOTT J H, 1976. A Theory of Optimal Capital Structure [J]. The Bell Journal of Economics, 7(1):33-54.

SHEN Y Y, YANG X T, ZHU B, 2023. Multiple Large Shareholders and Controlling Shareholders' Related-Party M&As [J]. Applied Economics Letters, 30(3):397-403.

SHLEIFER A, VISHNY R W, 1986. Large Shareholders and Corporate Control [J]. Journal of Political Economy, 94(3):461-488.

STREBULAEV I A, 2007. Do Tests of Capital Structure Theory Mean What They Say? [J]. The Journal of Finance, 62(4):1747-1787.

SUN L N, PHAN H V, SIMPSON T, 2021. Blockholder exit Threats and Corporate cash Holdings [J]. Financial Review, 56(4):821-843.

TOBIN J, 1969. A General Equilibrium Approach to Monetary Theory [J]. Journal of Money, Credit and Banking, 1(1):15-29.

TRAN Q T, 2021. Economic Policy Uncertainty and Cost of debt Financing: International Evidence [J]. The North American Journal of Economics and Finance, 57(C):101419.

TVERSKY A, KAHNEMAN D, 1991. Loss Aversion in Riskless Choice: a Reference-dependent Model [J]. The Quarterly Journal of Economics,

106(4):1039-1061.

VOLPIN P F, 2002. Governance with Poor investor Protection: Evidence from Top Executive Turnover in Italy [J]. Journal of Financial Economics, 64(1):61-90.

WANG X X, PAN Y H, XUE K K, 2021. Can Multiple Large Shareholders Promote Corporate Social Responsibility? [J]. Chinese Management Studies, 15(1):99-116.

WANG Y, CHEN R C, HUANG S Y, 2014. Economic Policy Uncertainty and Corporate investment: Evidence from China [J]. Pacific-Basin Finance Journal, 26(C):227-243.

XU C H, XU Y J, LI F, 2022. Can the exit Threat of Non-Controlling Major Shareholders Promote Corporate Innovation? [J].Technology Analysis & Strategic Management, 34(8):876-890.

XU Z, 2020. Economic Policy Uncertainty, Cost of Capital, and Corporate Innovation [J]. Journal of Banking & Finance, 111(C):105698.

YAN C Y, HE H Q, 2018. Non-Controlling Large Shareholders and firm Performance in China [J]. Asia-Pacific Journal of Financial Studies, 47(3):401-425.

YUNXIA B, QIU M, 2021. Official Visit, Bank Credit and Maturity Mismatch: Evidence from Chinese Listed firms [J]. Emerging Markets Finance and Trade, 57(15):4361-4379.

ZHANG G, 2000. Accounting Information, Capital investment Decisions, and Equity Valuation: Theory and Empirical Implications [J]. Journal of

Accounting Research, 38(2):271-295.

ZHAO X B, YANG D, LI Z G, et al, 2021. Multiple Large Shareholders and Corporate Fraud: Evidence from China［J］. Frontiers of Business Research in China, 15(1):1-21.